Dhumavati

Hinduistisk Pantheon-serie (Dansk)

Kiran Atma

Published by Ponapan Publications, 2024.

DHUMAVATI

First edition. August 26, 2024.

Copyright © 2024 Kiran Atma.

ISBN: 979-8227908049

Written by Kiran Atma.

Indhold

DEDIKATION

Denne bog er dedikeret til religionsfrihed og trosfrihed, et begreb, der beskytter en persons eller et samfunds ret til at demonstrere religion eller tro gennem undervisning, praksis, tilbedelse og overholdelse, hvad enten det er offentligt eller privat.

Dhumavati, den mest storslåede og ældste, ses som tomrummet, som den opløste form for bevidsthed, når alle skabninger er opløst i søvn i den højeste Brahman, efter at have spist hele kosmos. Hun manifesterer sig som søvn, hukommelsestab, vildfarelse og sløvhed blandt væsener, der er gennemsyret af verdens illusion, men blandt yogier forvandler hun sig til den kraft, der dræber alle tanker, selv Samadhi.

- Ganapati Muni, Uma Sahasram

INTRODUKTION

Det er svært at genkende Dhumavati, som er høj, sort, grov og har en sygelig kropsbygning. Hendes hår er tyndt og filtret, og hendes opførsel er ophidset og krigerisk. Hun er klædt i beskidt tøj og kører i en vogn med et flag, der forestiller en krage.

Hun ses som indbegrebet af alt, hvad der er lyssky, asocialt og uheldigt hos kvinder, den diametrale modsætning til gudinden Sri. Hun portrætteres som en enke, der angiveligt fortærede sin mand Siva i et raseri af sult.

Hun blev dannet af den voldsomme brand efter Daksas ofring og Satis død. Hun rynker panden, græder trøstesløst og holder en vinge. Ifølge Laksmana Desika, en kommentator af Saradatilaka Tantra (24.9-14), er Dhumavati den samme guddom som Jyesthya.

Dhumavati er grim, rystende og rasende. Hun er høj og klædt i beskidt tøj. Hendes ører er grimme og hårde, hendes tænder er lange, og hendes hængebryster hænger ned. Hendes næse er ret lang. Hun ser ud som en enke. Hun kører i en vogn med et flag prydet med et krage-symbol på toppen.

Hendes øjne er skræmmende, og hendes hænder ryster. Hun bærer en kurv i den ene hånd og gør det velsignende tegn med den anden.

Hendes personlighed er ubehagelig. Hun er altid sulten og tørstig, og hun virker utilfreds. Hun nyder at skabe kaos og ser altid skræmmende ud.

Dhumavati har to hænder, hvoraf den ene holder en kranieskål og den anden et spyd. Hendes hud er mørk, hun bærer slangedekorationer, og hendes tøj består af klude fra kremeringsstedet.

Gudinden afbildes ofte på følgende måde.

Hendes hudfarve ligner de sorte skyer, der opstår under et kosmisk sammenbrud.

Hendes ansigt er stærkt rynket med kragenæse, øjne og hals. Hun har en kost, en vifte, en fakkel og en kølle med sig.

Hendes ansigt er fyldt med had. Hun er ret gammel og klædt i en simpel tiggerdragt. Hendes hår er usoigneret, og hendes bryster er tørre og visne. Hun har ingen medfølelse. Hun sukker.

Nirrti, Jyestha og Alakshmi

Dhumavati er stort set ukendt uden for Mahavidyas. Vi ved ikke noget om hendes separate kult, før hun blev medlem af organisationen. På den anden side udviser Dhumavati stor lighed med flere gudinder, som opstod meget tidligt i den hinduistiske mytologi, og som havde kulter eller historier uden for Mahavidyas; nogle moderne forfattere forbinder Dhumavati med dem. Især Dhumavati menes at være den samme som Nirrti, Jyestha og Alakshmi.

Som vi vil se, er alle tre gudinder uheldige, skadelige og bør undgås. Nirrti beskrives som en farlig og uheldig gudinde i Rig-Veda, den ældste vediske litteratur.

Kun én sang (10.59) handler om hende, og dens mål er at søge ly for hende eller få hende drevet væk. Hun forbindes med død, ulykke og ødelæggelse.

Denne sang indfanger perfekt Nirrtis personlighed.

Efter fire linjer med bøn til guderne om nyt liv, velstand, næring, smukke gerninger, ungdom og evig ungdom, påkaldes følgende omkvæd:

"Lad Nirrti forsvinde til fjerne steder." Nirrti er med andre ord forbundet med de polære modsætninger til de fordele, man søger: forfald, nød, vrede, fejhed, alderdomssvækkelse og død.

Senere vedisk litteratur skildrer og refererer til Nirrti mere detaljeret end Rig-Veda. Selv om der i et vers står, at hun har gyldne krøller, rapporteres det, at hun er sort, bærer mørkt tøj og modtager mørke skaller som sin del af ofringen.

Hun bor i syd, i retning af dødsriget, er forbundet med lidelse og bliver ofte ofret med det udtrykkelige formål at holde hende væk fra offerritualer og folks problemer i almindelighed.

Nirrti er stadig kendt i den efterfølgende hinduistiske kultur. Hendes personlighed har ikke ændret sig; hun forbindes stadig med negative træk og uheld.

Gudinden Jyestha optræder også ret tidligt i hinduernes historie. Hun ser ud til at have haft en ret bred kult til tider.

Der er fundet mange afbildninger af hende, og hun synes at have været velkendt i Sydindien i hele det syvende og ottende århundrede.

Hendes fysiske udseende er identisk med Dhumavatis. Hun karakteriseres som havende "store hængebryster, der går helt ned til navlen, med en slap mave, tykke lår, hævet næse, hængende underlæbe og farve som blæk."

Hun er sort eller rød, bærer en lotus og en vandkande og gør nogle gange det beskyttende tegn.

Hun er udsmykket med adskillige dekorationer, herunder en tilaka (et udsmykket mærke i panden), som viser, at hun er gift.

Hendes hår er som regel flettet og stablet oven på hovedet eller viklet rundt om det. Hun bærer et flag med krage-tema.

Nogle gange står der en krage ved siden af hende. Hun rider på et æsel eller bliver trukket af løver eller tigre i en vogn.

Hun bærer en kost. Ifølge Linga-purana blev hun dannet, da guderne og dæmonerne kværnede havet i deres søgen efter udødelighedens nektar.

Hun blev gift med vismanden Dussaha, som hurtigt indså, at hans grimme brud ikke kunne tåle lyden eller synet af nogen form for religiøs aktivitet. Da han protesterede til Vishnu, rådede han Dussaha til kun at rejse til områder, hvor der sker dårlige ting - deraf Jyesthas almindelige kælenavn Alakshmi, "hende, der er uheldig".

Hjem, hvor familiemedlemmer skændes, og ældre spiser mad, mens deres børn er sultne, er især identificeret som acceptable boliger for hende.

Dussaha forlod til sidst Jyestha. Hun protesterede over for Vishnu, at hun ikke kunne forsørge sig selv uden en mand, og han besluttede, at hun skulle forsørges af kvindelige gaver.

Selv om det ikke fremgår af skriften, er det sandsynligt, at Jyestha ikke vil gå ind i husene hos folk, der tilbeder hende.

Som en forbindelse mellem Jyestha og Dhumavati betyder hendes navn også "ældre" eller "ældste". Som vi vil se, fremstilles Dhumavati ofte som en ældre dame.

Alakshmi, den tredje gudinde, som moderne forfattere identificerer Dhumavati med, omtales allerede i Sri-sukta, en meget tidlig hymne til ære for gudinden Sri. Sri opfordres til at sende sin søster, Alakshmi, i eksil i denne sang (vers 5, 6 og 8). Alakshmi formodes at manifestere sig på uheldige måder som nødvendighed, fattigdom, sult og tørst.

Laksmi, eller Sri, er hendes modsætning, og de to kan ikke eksistere sammen; deres naturer er uforenelige, og de kan ikke leve, når den anden er til stede. Alakshmi er blevet karakteriseret som "en gammel kælling på et æsel". Hun holder en kost. Hendes flag er prydet med en krage." Dhumavati er beslægtet med kragen og kosten, som vi skal se.

Festivalen Diwali (også kendt som Deepavali) og de ritualer og skikke, der går forud for den, understreger forskellen mellem Alakshmi og Lakshmi.

Man mener, at de afdødes ånder vender tilbage tre dage før Diwali, som finder sted om efteråret på en nymåneaften.

Dæmonen Bali kommer fra underverdenen for at regere i tre dage, og nisser og onde ånder, inklusive Alakshmi, er på fri fod.

Folk hidkalder Laksmi for at drive spøgelserne væk, og de brænder lys for at skræmme dæmonerne væk. Generelt uddrives ondsindede ånder, især Alakshmi, som siges at have regeret på jorden i de sidste fire måneder, mens guderne sov.

Ud over de tændte lys, som Alakshmi hader, slår folk på gryder og pander og spiller på instrumenter for at skræmme hende.

I Bengalen bygger man et billede af Alakshmi og lemlæster hende på ceremoniel vis ved at hugge hendes næse og ører af, hvorefter man rejser et billede af Laksmi for at repræsentere lykkens forestående sejr over ulykken.

Dhumavati har ifølge beskrivelserne flere træk med Nirrti, Jyestha og Alakshmi.

Hun forbindes med fattigdom og nød og menes selv at være fattig; med sult og tørst og siges at være konstant sulten og tørstig; og med ugunstige ting og ulykke, ligesom Nirrti og Alakshmi.

Ligesom Nirrti og Jyestha formodes hun at have en mørk hudfarve. Ligesom Jyestha og Alakshmi bærer hun efter sigende en kost og et flag med en krage på.

Ligesom Jyestha starter hun slagsmål og har et hidsigt temperament. Endelig fremstilles hun ligesom Alakshmi som en gammel heks, der hersker i fire måneder før shukla ekddasi (den ellevte dag i den tiltagende måne) i Kartik-måneden, hvor Vishnu vågner efter en fire måneder lang søvn.

Sjælen mister sin typiske glans i de fire måneder, hvor Vishnu sover, og lykkebringende begivenheder, som f.eks. ægteskaber, bliver ikke gennemført.

Mens parallellerne mellem Dhumavati og disse tre gudinder er ubestridelige og nogle gange forbløffende, og mens det er muligt, at nogle nutidige forfattere med vilje modellerer Dhumavati efter dem, især Alakshmi, er der nogle væsentlige forskelle mellem Dhumavati og hendes modstykker.

At Dhumavati er enke er et af hendes mest slående og gennemgående træk. Jyestha er gift, som det fremgår af hendes tilaka og flettede hår. Der er ingen omtale af, at Nirrti eller Alakshmi er blevet enker.

Dhumavati bliver også oftere og mere vedholdende karakteriseret som grim end de tre andre guddomme. Hendes bryster er indskrumpede og visne, hendes ansigt er beskidt og rynket, hendes tænder er skæve eller mangler, hendes hår er gråt og uordentligt, og hendes tøj er beskidt og laset. Selv om de andre gudinder ikke anses for at være smukke, lægges der i de fleste tekstbeskrivelser af Dhumavati vægt på hendes frastødende udseende.

Dhumavati afbildes også som stærk, skræmmende og blodtørstig, træk som sjældent fremhæves i afbildninger af de tre andre gudinder.

Dhumavati smadrer f.eks. knogler i sin mund, hvilket giver en frygtelig lyd. Hun formodes også at frembringe frygtelige og krigeriske lyde med trommer og klokker.

Hun bærer en kraniekrans, fortærer ligene af dæmonerne Canda og Munda og drikker en kombination af blod og vin. Hendes øjne er knaldrøde, barske og blottet for kærlighed.

Hun holder Yamas bøffelhorn, som repræsenterer døden. Hun bor sammen med enker, i ødelagte boliger og i barske, uciviliserede og farlige miljøer som f.eks. ørkener.

Dhumavati er også knyttet til Siva, om end indirekte i visse situationer, og hans kone Sati, i modsætning til de tre andre gudinder.

Endelig er Dhumavati ikke forbundet med disse tre gudinder i situationer, hvor man kunne forvente, at hun ville være det.

I hendes nama stotras (hymner, der påkalder hendes forskellige navne), hvor hun er forbundet med mange andre gudinder, er navnene Nirrti, Jyestha og Alakshmi for eksempel udeladt, hvilket er et bemærkelsesværdigt fravær.

Som vi vil se, har Dhumavati visse væsentlige gavnlige egenskaber og betragtes af nogle som et effektivt symbol eller en kraft til at opnå åndelig forståelse og frihed.

Ingen af de tre andre gudinder har lignende gode egenskaber.

Dhumavati tilhører derfor højst sandsynligt en slægt af uheldige gudinder som Nirrti, Jyestha og Alakshmi, som repræsenterer de mest vanskelige og ubehagelige dele af tilværelsen og virkeligheden generelt.

Det er også plausibelt, men ikke sandsynligt, at Dhumavati med vilje blev formet efter disse tre guddomme. At hun er "den samme", synes derimod at være en overdrivelse, især i betragtning af nogle af hendes træk, som de ikke deler, og hendes gavnlige egenskaber i forbindelse med Mahavidyas.

Skuffelse er en mangefacetteret instruktør. Mange af os ville ikke have lyst til at gå i lære hos hende, men alligevel gør de fleste af os det. Folk svigter os. Heldet er ved at slippe op. Status forringes. Vores styrke har svigtet os. Gudinden Dhumavati dukker så op, efterfulgt af sin krage, som en forløber for verdslig ulykke, der paradoksalt nok også skænker de indre velsignelser i form af løsrivelse, tomhed og befrielse.

Dhumavati - hendes navn betyder "den røgfyldte" - omtales nogle gange som "enken". Der fandtes ikke nogen mere uheldig form for femininitet i det gamle Indien, især ikke blandt overklassen.

I et samfund, hvor en kvindes status bestemmes af hendes ægtefælle, er det at blive enke det værste, der kan ske for hende.

For at illustrere det, så er livet i et typisk hinduistisk enkehjem et sted, hvor unge og ældre kvinder lever sammen i fattigdom og tigger om mad.

Kvinderne i disse enkeboliger var barberede og klædt i hvidt, fik ét måltid om dagen og forventedes at bruge deres tid på bøn og meditation.

I et sådant samfund er en enke nederst i det sociale hierarki, ofte fordrevet fra sine børns hjem, rejser fattig rundt og bor i udkanten af templer eller i afsidesliggende områder.

Dhumavati repræsenterer elendighed, sorg og fiasko i den virkelige verden. Alligevel har hun betydelige og subtile velsignelser at give, især til dem, der er på vej til at vågne.

Vi er fanget af vores håb om at opnå noget og vores frygt for tab, især de tab, der følger med alder og sygdom, indtil vi passerer gennem Dhumavatis kurv. Med hendes elegance kan vi uddrage de værdifulde lektioner, der ligger gemt i kernen af livets mest smertefulde omstændigheder.

Dhumavati er en af Mahavidyas eller Great Wisdoms, en gruppe på ti gudinder. De er gudinder, som indtager forskellige niveauer af selvrealisering eller tilstande af voksende bevidsthed.

Dhumavati betegner tomhedsstadiet i den tantriske Mahavidya-tradition, som vi alle skal igennem på vejen mod større viden.

DHUMAVATIS MYTOLOGISKE OPRINDELSE

D er er to fortællinger om Dhumavatis begyndelse, som afslører vigtige træk ved hendes personlighed. Ifølge den første blev hun født, da Sari brændte sig selv ihjel på sin fars offerbål, eller hun blev brændt på det bål efter at have begået selvmord ved at vælge sin egen død. Dhumavati sprang ud af asken fra Satis brændende lig. "Hun kom ud af ilden med et sort ansigt; hun kom ud af røgen."

Dhumavati blev født under sådanne forhold og indkapsler både holdningen hos den fornærmede, vrede gudinde Sati i hendes dødsøjeblik og hendes begravelsesrøg og har, som præsten i Varanasis Dhumavati-tempel udtrykker det, "en trist sindstilstand".

I denne fortolkning er Dhumavati en manifestation af Sati, en kropslig fortsættelse af hende i form af røg. "Alt, hvad der er tilbage af Sati", er hende: sorgfuld røg.

Den anden fortælling om Dhumavatis oprindelse er, at da Sivas kone Sati boede sammen med ham i Himalaya, følte hun sig frygtelig sulten og bad ham om noget at spise. "Jamen, så må jeg jo spise dig," bemærkede hun, da han nægtede at tilbyde hende mad. Derefter slugte hun Siva. Han overtalte hende til at opgive ham, og da hun gjorde det, forbandede han hende og dømte hende til at tage form som enken Dhumavati.

Dhumavati er forbundet med Siva i denne fortælling. Hun afspejler Satis stærke, kraftfulde side. Da Siva nægter at imødekomme hendes anmodning, vender hun sig mod ham og fortærer ham.

Det svarer til præmissen i Mahavidyas tilblivelseshistorie, hvor gudinderne opstår, efter at Sati bliver afvist af Siva og bliver rasende.

Fortællingen understreger Dhumavatis destruktive natur. Han eller hun kan kun blive mæt, når hun drikker Siva, som indeholder eller skaber universet.

En forfatter mener, at hun er personificeringen af "utilfredsstillet begær", hvilket henviser til hendes konstante sult og tørst, som er nævnt mange steder.

Fortællingen fremhæver også Dhumavatis status som enke. Dette forværres af det faktum, at hun blev forbandet og afvist af sin ægtefælle.

I myten er hendes position som enke forvirrende. Hun bliver enke ved at sluge Siva, en selvhævdende og måske uafhængig handling. Men hun tager ikke form som enke, før Siva fordømmer hende.

Der er ingen tvivl om, at Dhumavati er en figur, som klart repræsenterer alt det, der traditionelt betragtes som uheldigt. Hun ses ofte siddende i en vogn uden nogen til at trække den, og hun er enke. Hun er en dame, der ikke kommer nogen vegne i hinduistisk kultur, den ultimative legemliggørelse af alt, hvad der er uheldigt, uskønt og uheldig. Hun er et nul i sociale kredse; hun har ingen plads; hun hører ikke til.

Kragen, som optræder som hendes bannermærke, på hendes vogn eller på hendes bjerg (vahana), er en ådselæder og et symbol på døden. Faktisk mener man nogle gange, at hun ligner en krage.

Ifølge Prapancasdrasdra-sarhgraha ligner hendes næse og hals en krage. På et maleri af en nuværende Varanasi-kunstner er hun afbildet som boende på en kremeringsplads. På dette billede er hun omgivet af fire kremeringsflammer, hver med en krage på toppen. I hendes tusindtallige navnesang står der, at hun bor på ligbrændingsstedet, at hun sidder på et lig, at hun bærer aske fra ligbrændingsstedet, og at hun belønner folk, der hjemsøger ligbrændingssteder. Hun bærer også et stykke tøj, der er taget fra et lig på en kremeringsplads. Hun menes at repræsentere tamas guna, eller den del af skabelsen, der er forbundet med begær og uvidenhed.

Ifølge hendes hymne med tusind navne kan hun lide vin og kød, som begge er tamasiske. Dhumavati er ifølge en tantrisk lærd i Varanasi "det aspekt af virkeligheden, der er gammelt, grimt og utiltalende."

Mahavidyaerne er designet til at skildre virkelighedens mangfoldighed, og derfor har vi både ungdommelige og attraktive kvindelige former og frygtelige og skræmmende kvindelige former." Dhumavati forbindes ofte med alt, hvad der er uheldigt: Hun opholder sig på golde steder på jorden, såsom ørkener, forladte boliger, skænderier, grædende børn, sult og tørst, og især enker.

Den nepalesiske tro på boksis, en slags dødbringende, fjendtlige åndevæsner, der bor i enker, kan yderligere afspejle de uheldige, hvis ikke farlige, undertoner af Dhumavati som enke. En kvinde skal ofre sin mand eller sit barn for at blive en boksi. Enker forbindes med målrettet ondskab og mord på deres mænd og sønner. De siges at have skabt deres egen ulykke gennem afskyelige gerninger eller at være besat af onde ånder, som får dem til at udføre sådanne handlinger. Enker er pr. definition farlige væsener, som sandsynligvis vil skabe problemer og derfor bør undgås.

Dhumavati skal frygtes som den himmelske enke, den metaforiske enke par excellence. Ligesom de tre ugunstige gudinder, som hun ofte sammenlignes eller forbindes med, synes Dhumavati i bund og grund at være et væsen, der skal undgås.

De fleste mennesker opfordres til ikke at tilbede hende, og især gifte mennesker bør undgå hende. Ved første øjekast virker det meget usandsynligt, at nogen skulle nærme sig hende, tilbede hende eller opbygge en forbindelse med hende.

Men det nævnes forskellige steder, at hun skænker siddhis til dem, der tilbeder hende, at hun redder sine hengivne fra alle former for lidelse, og at hun skænker alle belønninger og forhåbninger, inklusive ultimativ viden og frihed.

De indviklede detaljer i hendes tilbedelse er specificeret, og det må antages, at i det mindste nogle adepter tilbeder hende og etablerer et forhold til hende, ja, faktisk forsøger at blive forbundet med hende og fornemme hendes tilstedeværelse i sig selv i henhold til tantrisk sadhana-logik.

En præst, der administrerede Dasa-mahavidya-pandaen, et midlertidigt hus til bøn, nævnte engang Dhumavatis gode egenskaber: Hun er en vision af alderdom og forfald - at hun næsten er blind, har løs, rynket hud, hængende bryster og ingen tænder - og at hun virker voldsom udenpå, men er ømhjertet indeni.

Efter at have nævnt alle de uheldige aspekter ved gudinden og understreget, at hun ikke bør opsøges af lykkeligt gifte mennesker, sagde præsten ved Dhumavati-templet i Varanasi, at hun giver "alt, hvad den hengivne ønsker", hvilket han sagde var usædvanligt blandt guder. Han sagde desuden, at hendes tilbedelse indgyder et ønske om at være alene samt en modvilje mod verdslige ting.

Ifølge ham er hendes hengivenhed velegnet til verdensgenløsere. Han sagde også, at Dhumavati foretrækker ugifte personer og enker. Kun enlige, sagde han, kunne trodse hendes enorme indflydelse og tilbringe en nat alene i hendes tempel. Han sagde, at hvis man gjorde det som gift person, ville det resultere i døden. Disse bemærkninger er skæve.

Ifølge denne præst indbyder Dhumavati til, og støtter og opretholder sandsynligvis, en særlig form for uafhængighed eller ensomhed, som finder sted uden for ægteskabet. Det er uklart, om denne ensomhed indikerer eller bekræfter uafhængighed.

Det er dog vigtigt at bemærke, at i mange gamle hinduistiske skrifter kan de største faser af den åndelige rejse kun gennemføres alene, efter at den søgende har forladt sit hjem og sin familie. Det er også værd at bemærke, at mange af de mest troende hinduer, man møder i Indien i dag, er enker, som har forpligtet sig til at bruge resten af deres liv på at tage på pilgrimsrejser til hellige steder eller gennemføre religiøse ceremonier på sådanne steder. På de fleste måder lever disse kvinder et typisk hinduistisk liv med afkald på verden.

Ifølge en beretning bærer Dhumavati en "kjole som tiggere". Præstens bemærkning om, at Dhumavati indgyder en modvilje mod jordiske ting, svarer også til de største faser i den traditionelle hinduismes spirituelle rejse.

Verdensrenonceren stræber efter at skabe en sindstilstand, hvor han eller hun er tilfreds med det, der er til rådighed, med lidt mad, tøj og husly. Den traditionelle sannyasi rejser rundt på kloden og er aldrig på samme sted i mere end et par dage, ligesom Dhumavati, der i form af røg altid er i bevægelse, aldrig statisk.

Gudinden Kalis symbolik og den logik, der ligger til grund for parica fatten-ritualet (ritualet med de fem forbudte ting), kan forklare, hvorfor netop Dhumavati kan være effektiv til at fremkalde den slags følelser eller skabe en sindstilstand, der er ligeglad med verden: Dhumavati er i stand til at indgyde apati over for verden, fordi hun så tydeligt viser de forfærdelige dele af eksistensen.

Ligesom Kali, som hun ofte forbindes med, presser hun sine tilhængere til at se de underliggende lidelser i livet i øjnene og opfordrer til apati eller foragt for verden.

I henhold til filosofien bag parica tattva-ritualet, som går ud på, at konfrontationen med det forbudte er åndeligt transformerende, kan Dhumavati ses som en dramatisk metafor for alt, hvad der er socialt afvist.

At søge identifikation med hende gennem hendes tilbedelse er at tage del i det "forbudte" og erkende, at det primært er en manifestation af falske menneskelige kategorier, og at der bag det, der anses for at være rent og urent, gunstigt og ugunstigt, er en enhed, som overskrider sådanne kunstige dikotomier.

Hinsides ønsket om jordiske goder, hinsides undgåelse af det, der opfattes som forurenet og farligt, er ligegyldighed over for disse opdelinger, er bevidsthed om det ultimative, som er navnløst og formløst.

På en mere positiv måde fremmer Dhumavati åndelig oplysning som et socialt udstødt væsen, hvis verdslige bekymringer er gået hende forbi. Selv om nogle måske anser enken for at være uheldig, er hun nu fri til at forfølge åndelige sysler som pilgrimsrejser, der ville have været vanskelige eller umulige i hendes yngre, mere socialt ansvarlige dage.

Enken kan være en befriende figur for kvinder, hvis ægteskaber er hårde. Ligesom den konventionelle verdensforsager lever hun uden for samfundet og er dermed fri for dets grænser og pligter.

Dhumavati siges ofte at materialisere sig i Mahapralaya, den store kosmiske opløsning ved afslutningen af den store kosmiske periode.

Ifølge Praparicasdrasdra-samgraha er hendes hud "sort som de ophobede skyer under opløsningen". Hun er kendt som hende, hvis form er Pralaya, som er optaget af Pralaya, som skaber og forårsager Pralaya, og som vandrer rundt i Pralaya i sin hymne med tusind navne.

Ifølge en beretning dukker hun op ved tidens ende, når selv Mahakala, Siva selv, er forsvundet. Hun viser sig som enke, fordi hun er alene, og i denne form symboliserer hun "tidens kraft uden for tid og rum".

Ifølge en anden forsker "personificerer Dhumavati verdens ødelæggelse ved ild, når der kun er røg tilbage fra asken."

Hun afslører essensen af den ultimative viden, som er formløs og ikke kender nogen opdeling i godt og ondt, rent og urent, heldigt og uheldigt, som den enorme opløsning, hinsides navn og form, hinsides menneskelige kategorier, alene og udelelig.

DHUMAVATIS IKONOGRAFI

Blandt de forskellige billeder af Dhumavati, jeg har set, og beskrivelser, jeg har læst, skiller tre nyere malerier sig ud ved at vise aspekter af gudinden, som man normalt ikke ser.

Et er af Himachal Pradesh-maleren Molaram fra det 18. århundrede, et andet er fra en illumineret nepalesisk bog fra det 18. århundrede, og det tredje, der er lavet omkring 1015, er af en kunstner fra Varanasi, Batuk Ramprasad. På Molarams billede ses Dhumavati på toppen af en vogn, der trækkes af to gigantiske fugle. Selv om de ikke er krager, ligner deres krogede næb ådselsædende fugle, måske musvåger eller gribbe, hvilket ville være i overensstemmelse med Dhumavatis typisk uheldige forbindelser. Hendes venstre hånd holder en stor kurv, mens hendes højre håndflade er løftet, måske som en gestus for at tildele velsignelser. Hun har hugtænder, og hendes tunge ruller ud ligesom Kali og Tara. Bortset fra den udspilede tunge er intet af dette usædvanligt for Dhumavati. Guddommens udsmykning er det, der skiller sig ud på billedet. Hun pryder sig med armbånd, øreringe, armbind, en halskæde og et vedhæng. Hun er også elegant klædt. Hendes bryster er høje og runde snarere end hængende. Hun beskrives som ungdommelig og livlig. Hendes udseende står i dramatisk kontrast til rapporterne om hende som uattraktiv, vissen og klædt i enkens beskidte tøj.

Hvis vi accepterer beskrivelserne i hendes dhyana-mantraer som normative, er det nepalesiske kunstværk af Dhumavati ligeledes usædvanligt. Dhumavati står med spredte ben, som om hun går, på toppen af en påfugl, som hviler på en lotus i dette smukke billede. Hun er nøgen bortset fra en perlehalskæde og en perlecirkel i håret. Hendes yoni eller vulva er tydeligvis synlig. Hendes bryster er ikke lange og hængende, men de er høje og faste. Hendes hår er lyst og indviklet flettet. Hun stirrer på et spejl, som hun holder i sin venstre hånd. Hun er omgivet af en ring af ild, som er et almindeligt kendetegn ved nepalesisk ikonografi og ofte bruges til at afbilde kremeringsbål. Dette kunstværk har ingen lighed med nogen af Dhumavatis dhyana-mantraer, som jeg kender til. I denne kunstneriske skildring har hun en erotisk tiltrækkende tilstedeværelse.

Dhumavati vises i Batuk Ramprasads kunstværk på en måde, der adskiller sig markant fra hendes dhyana-mantraer og de fleste billeder af hende, som jeg kender til. Hun er klædt i hvidt og rider på en massiv krage. Omkring hende er der noget, der ligner kremeringsflammer, hver med en krage på toppen. Hendes hud er mørk, og hun bærer en trefork, et sværd, en vinge og en skål i hver af sine fire hænder. Hendes bryster er noget fremstående. Igen er hun meget udsmykket med ornamenter - armbånd, armlænker, ankelkæder, tåringe, øreringe, næsering, halskæde og vedhæng - og er klædt i en smuk, gennemsigtig overdel og en guldkantet underdel, hvilket næppe ligner en enkes påklædning.

Hvad kan betydningen af disse malerier være?

Det er sandsynligt, at der findes en anden legende, hvor Dhumavati ikke er enke og ikke er afbildet som utiltrækkende og klædt i urent, slidt tøj, som jeg ikke har været i stand til at finde frem til.

I mangel af dette kan en mulig forklaring på malerierne være relateret til enkers ry som farlige for mænd.

Attraktive unge enker, som ikke må gifte sig igen i de fleste højere klasser, er særligt farlige. Enken er en kvinde, der har mistet sin sociale identitet som følge af sin mands død, ifølge hinduistiske lovtekster.

Hun er socialt udstødt set fra mændenes synspunkt, og hvis hun er smuk og endnu i sin fødedygtige alder, udgør hun en fristelse.

Hun kan også opfattes som havende stærke, uopfyldte seksuelle længsler, især i betragtning af påstanden i mange (mandligt forfattede) skrifter om, at kvinder er seksuelt umættelige.

Kort sagt anses enken for at være seksuelt tiltrækkende for mænd. Dette er indfanget i et almindeligt ordsprog i Varanasi: "Enker, tyre, trapper og Sannyasis / Hvis du kan redde dig selv fra disse, / venter befrielsen af Kashi på dig."

Enker er sidestillet med så berygtede Varanasi-farer som omstrejfende tyre, forfaldne badetrapper og bedrageriske "hellige mænd".

Dhumavatis hymne med de tusind navne indeholder hentydninger til, at hun er seksuelt tiltrækkende og dragende.

Hun beskrives som morsom (v. 10), absolut tiltrækkende (v. 15), dejlig (v. 20) og med dådyrøjne (v. 71).

Det hævdes også, at hun frembringer dans og leder dansere (w. 76-77), og at hun er udsmykket med friske guirlander, klæder og smykker (w. 77-78).

Hun er også kendt som hende, hvis form er Rati (Kamadevas kone eller bogstaveligt talt "samleje", v. 82) og menes at elske samleje, at være til stede, når der er seksuel aktivitet, og at være optaget af sex (w. 81-83).

Hun siges også at have usoigneret hår, hvilket antyder vildskab, måske seksuel vildskab (v. 8), at drikke sprut og være beruset (v. 87-88), at blive tilbedt af berusede mennesker (v. 112) og hele tiden at hengive sig til de fem forbudte ting (panca tattva) (v. 02).

Andre træk, der nævnes i denne sang, modererer eller afbalancerer endda hendes typisk grimme, forfaldne, uhyggelige, gnavne, kronragede personlighed.

Hun formodes at være særligt smuk og at besidde sensuel kraft, kvaliteter ved Dhumavati, som vises i de tre malerier. Mens disse modstridende egenskaber kan afspejle den typiske tilbøjelighed til at repræsentere en gudinde som "komplet", som havende flere sider, både forfærdelige og godartede, kan inddragelsen af erotiske kvaliteter også fremhæve den seksuelle tiltrækningskraft og måske seksuelle fare ved enker.

DHUMAVATI'S TEMPLER

Dhumavati-templet, Rajrappa:

Dette tempel ligger i Rajrappa-distriktet i Jharkhand. Det er et mindre tempel end det i Varanasi, men det er ikke desto mindre et populært pilgrimsmål for Dhumavati-tilhængere.

Dhumavati-statuen i dette tempel er ligeledes fremstillet som en enke, men med et mere behageligt udseende. Templet er omgivet af en skov, og det siges, at gudinden viser sig her som en krage.

Dhumavati-templet, i nærheden af Kamakhya-templet:

Dette tempel ligger i Guwahati, Assam, i nærheden af Kamakhya-templet. Det er et mindre tempel, som er mindre kendt end de to andre på vores liste. Det er dog stadig et vigtigt pilgrimssted for Dhumavati-tilhængere.

Dhumavati-statuen i dette tempel er fremstillet som en enke, men med et stærkere og mere skræmmende udseende.

Dhumavati-templet, Varanasi:

Dette er det mest kendte Dhumavati-tempel. Det ligger i Varanasi, Uttar Pradesh, i nærheden af Assi Ghat-regionen.

Templet siges at være en Shakti Peetha, som er helligdomme, der er forbundet med de dele af Satis krop, som faldt til jorden, da hendes far, Daksha, brændte hende.

I dette tempel er Dhumavati repræsenteret som en enke med usoigneret hår, sorte tænder og en krage på skulderen. Hun ses også kørende på en vogn trukket af to sorte hunde.

Templet er tilgængeligt for alle tilbedere, men tantriske udøvere strømmer hertil i hobetal.

Templer dedikeret til Dhumavati er sjældne og der er langt imellem dem.

Jeg besøgte et af disse usædvanlige templer adskillige gange, mens jeg var i Varanasi. Selv om figuren i midten er skjult af tøj, fortalte præsten mig, at det er Dhumavati. Han afbildede hende som en enke, der kører i en vogn, holder en vinge, en kost og en gryde i tre af sine hænder og laver fear-not mudra med den fjerde. Illustrationen viser en sort sten med store øjne og blodrøde læber. Hun tager imod blomster og frugt som offergaver, men hun nyder også whisky, bhang (en slags hash), cigaretter og kød.

I dette tempel bliver der af og til ofret blod. Hun kan ikke lide gaver, der ikke bliver brændt i et røgfyldt bål, og derfor sagde præsten, at han altid er forsigtig med at skabe en masse røg.

Hun nyder også røgen fra røgelse, offergaver og kremeringsbål. Hun er tiltrukket af røg, fordi den repræsenterer ødelæggelse. Ifølge præsten lever hun i form af røg og kan svæve, hvorhen hun vil.

De indvendige vægge er prydet med malerier af de andre mahavidyaer, men nogle er blevet udslettet. Matangi,

Chinnamasta, Sodasi, Bhuvanesvari og Bagalamukhi lever stadig i bedste velgående.

Præsten sagde, at templet for længe siden blev bygget på det sted (pitha), hvor en del af Satis lig faldt til jorden af vismanden Dhurvasa, som havde en hidsig personlighed, passende for en tilhænger af Dhumavati, som frembringer en sådan hidsighed hos folk, der tilbeder hende.

Ifølge præsten er gudinden sørgmodig og stridbar, hendes læber er blodrøde, fordi de er smurt ind i blod, og hun er den samme som Smasana-kali (Kali, der bor på kremeringsstedet).

Præsten sagde, at verdens forsagere og tantrikaer tilbeder i dette tempel, hvilket antyder, at Dhumavati favoriserer dem. Han hævdede også, at gifte personer, som jeg selv, ikke bør søge en forbindelse med Dhumavati, fordi hun indgyder sine tilhængere et ønske om at være alene, hvilket er upassende for en gift person; hun foretrækker ugifte mennesker.

Præsten derimod er gift og har fem børn. På trods af præstens kommentarer om, at de typiske tilbedere er enlige, og at gudinden foretrækker dette, bestod den regelmæssige strøm af besøgende i templet ved de lejligheder, hvor jeg var der, primært af gifte mænd og kvinder; jeg så meget få enker, på trods af at enker måske føler et særligt tilhørsforhold til denne gudinde. Det er umuligt at forestille sig, at tempelgæsterne ikke af og til beder om de normale verdslige tjenester: afkom (som regel drengebørn), god velstand, en passende ægtefælle til deres børn, succes med eksamener og forretninger osv.

Faktisk sagde præsten, at størstedelen af de hyppige tilbedere er lokale, og at historier om gudindens gunst er udbredt blandt dem.

Da præsten forklarede Dhumavatis lokale betydning, blev det tydeligt, at hun er en skytsgudinde eller landsbygudinde, som først og fremmest passer på befolkningen i sin region, og hvis liv hun velsigner med materielle gaver.

Det er også værd at bemærke, at en Siva-lingam er indlejret lige bag billedet af Dhumavati, hvilket betyder, at Siva og alt, hvad han symboliserer, er til stede i templet. Da jeg spurgte til lingamen, fik jeg at vide, at selv om den forestiller Siva, betyder det ikke, at han er gift med Dhumavati. Det er en separat helligdom, som opstod på samme tid som Dhumavati-templet.

Det er også værd at bemærke, at billeder af løver, Durgas vogn (vahana) gennem hendes mange optrædener, kan ses både i og uden for templet. Lingam'en og løven identificerer Dhumavati med Sivas kreative maskuline kraft og gudindens dæmondræbende, dharma-støttende pligt. Disse to facetter af Dhumavati, som Sivas brud og som en manifestation af Durga, er begge fremtrædende i hendes nama stotras, hvor flere epiteter beskriver hende som Parvati, Sati eller en dæmondræber.

Dhumavati kommer i mange former ifølge præsten i hendes tempel, og han læste passager af hendes sange for mig for at demonstrere dette. Hun optræder som en ung jomfru om morgenen, en gift kvinde om eftermiddagen (hendes billede var som regel pakket ind i en rød sari, farven på en gift kvinde) og en enke om aftenen.

Dhumavati har tydeligvis fået en mere tilgængelig skikkelse i denne offentlige tempeldyrkelse. Hun er ikke længere kun den uheldige, dødelige gudinde, som kun heroiske tantriske adepter kan henvende sig til. Her er hun en lokal gudinde, som favoriserer og beskytter mennesker, der bor i nærheden og søger hendes ly og nåde.

Dhumavatis sang med tusind navne afslører en behagelig, venlig og endda heldig side. Hun hævdes normalt at give tjenester, og mange billeder af hende viser hende i en velsignelsesgivende bevægelse. Hendes sang med tusind navne hævder, at hun bor blandt kvinder og æres af kvinder (w. 80-81), mens hendes hymne med hundrede navne siger, at hun skænker afkom (v. 16).

DEN MØRKE TOMHED

Dhumavati betegner det oprindelige kaos og den uklarhed, der ligger til grund for skabelsen, mørket på dybets overflade. Mulavidya er den oprindelige uvidenheds mørke, som denne illusionsverden opstod af og forsøger at overvinde. Faktum er, at vi er født uden viden. Det er ikke en hypotese, men en klar og tydelig sandhed om vores eksistens. Vi har ingen idé om, hvem vi er, eller hvor vi er på vej hen i livet. Vores eksistens er en flig af lys mellem to større mørker.

Resultatet er, at Dhumavati, eller røg, omslutter os på alle sider. Dhumavati betegner uvidenhedens kraft, eller den del af den kreative energi, som skaber tilsløring af bevidsthedens underliggende lys. Mens maya er Herrens magiske eller illusionerende kraft, der får én virkelighed til at se ud til at være mange, er uvidenhed en slags mørke, der afholder os fra at erkende den underliggende sandhed.

Men uvidenhed har en dybere betydning. Først når vi indser vores uvidenhed, at vi i virkeligheden ikke ved noget, kan vi begynde at lære.

Når vi bliver mere bevidste, ser vi desuden, at det almindelige sind ikke har nogen ægte evne til at opnå sand viden, og at sand viden først opstår, når vi lægger den konventionelle tankeproces til side. Det handler ikke så meget om, at vi ikke ved noget, som det handler om, at det, vi kalder viden, aldrig kan føre os til sandheden.

For yogier er større uvidenhed at ignorere eller glemme mental aktivitet og give slip på alle bekymringer, ønsker, sympatier og antipatier, synspunkter og overbevisninger. Vi overskrider dødens område ved ikke længere at opfatte nogen virkelighed uden for bevidstheden.

Dhumavati er derfor den oprindelige søvn, hvor alle universets dyr opløses i den bagvedliggende sandhed om den højeste Brahman.

Hun er også Yoga-nidra, eller yogisk søvn, hvor yogien er absorberet i et bevidsthedsniveau før skabelsen og ikke længere oplever den ydre verden.

Hun symboliserer glæden ved før-skabelsesstadiet, hvor kun den formløse Brahman eksisterer. Hun hjælper os med at glemme Samsaras mareridt og vende tilbage til Nirvanas fredfyldte væsen. Hun repræsenterer visdommen i at glemme.

Dhumavati er intetheden, når alle former er udslettet, og intet kan skelnes. Men denne tomhed er ikke bare sort. Det er en selvoplysende virkelighed, som ikke er bundet af den traditionelle dualisme mellem subjekt og objekt.

Som følge heraf hævder Vedanta, at gudinden fremstår som det tomme, men ikke er virkelig tom, da selv tomheden kun kan eksistere i forhold til seeren.

I virkeligheden er bevidsthed den ægte tomme eller immaterielle tilstand. Som sådan er Dhumavati ren, fejlfri og fuldstændig bevidsthed, hvor ingen ting eksisterer. Tomheden er ikke kun intethed, men også afslutningen på mental aktivitet. Derfor er Dhumavati i sidste ende stille.

DHUMAVATIS FORMER

Tidsgudinden Dhumavati fremstilles som en høj og tynd ældre dame med sjusket og filtret hår. Hun havde en skræmmende, uskøn, sort hud, et rynket ansigt og røde lemmer.

Hun har et alvorligt udtryk i ansigtet, og mange af hendes normalt store tænder er væk. Hendes tænder er ofte synlige, og hendes næse er lang og snudeagtig. Hendes bryster hænger ned, og hun er klædt i gammelt eller snavset tøj.

Hun kører på en vogn med en krage som symbol. Hun holder en kurv med sin venstre hånd og laver visdomsbevægelsen (cinmudra) med sin højre.

I nogle historier holder hun en kraniekop og et sværd. Hun bærer en krans af afhuggede hoveder og er altid sulten og tørstig, hvilket giver anledning til skænderier og misforståelser.

Vingekurven repræsenterer behovet for at skelne mellem den indre essens og de ydre formers bedrageriske virkelighed.

Hendes skræmmende ansigt skal advare os om farerne ved at se sanselig nydelse som en kilde til tilfredshed.

Som gudindens grimme form lærer hun os at se forbi den ydre skønhed og ind til den indre sandhed. Dette kan betragtes som heksens billede.

Men i yogiske kredse er heksen mere end blot en ondskabsfuld ånd. Hun frigør os fra bindinger og afslører de underliggende sandheder ved at lære os livets dårlige sider.

Dhumavati, den hinduistiske gudinde, er ofte repræsenteret i mange former, som hver især viser en bestemt facet af hendes styrke.

Dhumavati findes i mange forskellige former, hvoraf de mest udbredte er:

Enke:

Dhumavati fremstilles ofte som enke, hvilket repræsenterer hendes magt over død og ødelæggelse. Hun ses ofte klædt i sort, med uredt hår og sorte tænder.

Hun kunne også holde en kurv, som repræsenterer hendes evne til at skille hvede fra avner.

Crone:

Dhumavati fremstilles ofte som en gammel kone, hvilket repræsenterer hendes visdom og erfaring. Hun vises ofte med ældet hud og et langt, hvidt skæg. Hun kan også holde en stav, som repræsenterer hendes autoritet.

Kragernes dronning:

Dhumavati, kragernes dronning, forbindes ofte med krager, som er symbol på død og ulykke. Hun kan være afbildet kørende på en vogn kørt af krager eller ledsaget af krager.

Gudinden på krematoriegrunden:

Dhumavati er ofte forbundet med kremeringspladser, som er steder for død og forandring. Hun kan være repræsenteret siddende på et kremeringssted eller omgivet af den afdødes aske.

Dette er kun nogle få af Dhumavatis forskellige manifestationer. Hendes udseende varierer alt efter, hvilken litteratur eller tradition hun er repræsenteret i. Hendes grundlæggende karakter forbliver dog den samme: Hun er en formidabel gudinde for død, ødelæggelse og viden.

AT LIDE GODT

D humavati symboliserer livets negative kræfter: skuffelse, frustration, ydmygelse, nederlag, tab, sorg og ensomhed. Sådanne oplevelser overvælder det gennemsnitlige sind, men for yogien er de unikke muligheder for at komme i kontakt med den sandhed, der overskrider begæret.

Det er en stor bedrift for sjælen at anerkende den store kællingeheks, enke og bedstemodergudinde og hendes lære gennem livets dårlige omstændigheder.

Dhumavati skænker sådanne stærke mennesker egenskaber som tålmodighed, udholdenhed, tilgivelse og løsrivelse. Hun forvandler sine tilhængere til fremragende instruktører for menneskeheden.

Dhumavati skildrer det almindelige egoistiske livs fejlbehæftede, flygtige, triste og forvirrende tilstand, så vi kan overskride det.

Hendes krop er ikke pæn, men den viser verdens dystre skygge, så vi ikke længere bliver fortryllet af dens overfladiske glæder.

Når vi ærer disse "negative" fornemmelser som gammel gudindeviden, hjælper det os med at omdanne dem til ekstaseenergier.

KRONE SPIRITUALITET

D humavati er bedstemoderånden og den ældste af gudinderne. Hun fungerer som forfædrenes guide for de andre gudinder.

Hun er den store lærer, der giver den ultimative lære om fødsel og død som Bedstemorånden. Hun er den visdom, der opnås gennem forsøg og fejl, hvor vores naive og ungdommelige ambitioner og illusioner lægges til hvile.

Dhuma kan oversættes til "røg". Så Dhumavati betyder "en, der består af røg". Hendes natur er uklarhed snarere end lys. Men ved at tilsløre én ting afsløres en anden. Dhumavati viser dybden af det ukendte og det åbenlyse ved at skjule eller tildække alt, hvad der er kendt. Dhumavati skjuler det åbenlyse for at afsløre det skjulte og dybe.

Dhumavati vises som en enke. Hun repræsenterer det feminine princip i fraværet af det mandlige princip. Hun er Shakti i fraværet af Shiva, som en ren potentiel kraft uden intention om at drive den.

Som følge heraf legemliggør hun alle potentialer og afslører den skjulte energi, der findes inden i os. Vi må først identificere denne skjulte energi for at kunne udvikle den. Det kræver, at vi hylder Dhumavati. Dhumavati eksemplificerer det feminine princip om negation i alle dets manifestationer.

På overfladen legemliggør hun de store tragedier, som vi alle frygter i livet: fattigdom, nød og lidelse. Derfor beskrives hun som forskruet, ubehagelig og stridslysten - en heks eller en heks.

Men på et indre plan driver den samme negativitet os til at søge mere tilfredsstillelse end den, der er mulig i den tilsyneladende produktions begrænsende domæner. Når alt kommer til alt, er det kun utilfredshed i vores ydre liv, der driver os til at søge den indre sandhed. Dhumavati er alt, hvad der kommer i vejen for os i livet, men det, der kommer i vejen for os på ét område, kan frigøre et nyt potentiale til at blomstre på et andet. Derfor repræsenterer hun den lykke, der kommer til os i form af en katastrofe.

HINDU-KRONENS SPIRITUELLE SYMBOLIK

Stilheden opdages altid i livets centrum for dem, der oprigtigt søger den. Den standsede vogn har også en dybere esoterisk konnotation. Den kan også betegne den evige nutids ro, den aktivitet, der opstår af ikke-handling, eller den tomme tilstand, når formerne smelter i langvarig meditation.

Dhumavati symboliserer Shakti i indisk kosmologi under Maha-pralaya, den kosmiske opløsning, hvor det fysiske univers smelter tilbage til tomheden, og alle skabninger, parate eller ej, bliver befriet fra deres kroppe, ønsker og karmas.

Med andre ord repræsenterer hun det kosmiske øjeblik af total resignation. Hun betegner manglen på frugtbarhed og livgivende vådhed som en energi i den fysiske verden. Hun findes overalt, hvor der er trøstesløshed, forladthed, ulykke og ubehageligheder.

Betragt Dhumavati-energi som en udtørret søbund, øde rismarker i en tørkeramt region eller områder, hvor skovhugst har forvandlet regnskov til ørken. Hun er tvangsauktionerede boliger med knuste ruder og døende koralrev.

Hun repræsenterer flygtningelejre og fordrevne mennesker, der krydser barskt terræn uden pas. Hun ignorerer livets sædvanlige skønhed på alle disse måder. Hun er alt det, vi ønsker at undgå og nægter at acceptere i vores liv. Men hun er også den udstødtes værdighed og den styrke, der forvandler ulykke til viden.

Nøglen til Dhumavati er at opdage hendes oplyste essens, det transformationspotentiale, der gemmer sig bag modløshed og fiasko. Det kræver, at du oplever din dybeste frygt og konfronterer dine tab.

Når kvinder på egen hånd, helt alene, kvinder uden en partner, vågner op til deres indre dæmoner, ser de ofte sig selv som hjemløse i en gyde eller glemt i et urinduftende hjørne af et plejehjem. Det er en reel mulighed for nogle af os, både mænd og kvinder.

Dhumavati advarer os om, at enhver af os kan miste alt, at når sikkerhedsnet svigter, er ingen sikret mod at miste deres helbred, penge eller sind. Krig, sult eller svigt af et atomkraftværk kan ødelægge alt, hvad du er afhængig af. Dhumavati spørger: "Kan din indre ligevægt modstå et sådant sammenbrud?" Kan du genfinde din yogarytme, mens alt andet falder fra hinanden? Det er to af de store spørgsmål, som det er meningen, at yoga skal løse.

Tantriske udøvere ser kroppens opløsning som et middel til at overvinde dødsangst og opnå forskellige yogiske færdigheder.

At undersøge og udforske Dhumavati kan lære dig empati for de uheldige (såvel som empati for dit eget uheldige jeg) og vise dig, hvordan befrielse virkelig kommer, når der ikke er noget tilbage at miste.

I Bhairava Evam Dhumavati Tantra Shastra afbildes Dhumavati som "høj, grim, ustabil og vred". Hun er klædt i beskidt tøj. Hun kører i en vogn med et krageflag. Hun har fire hænder, som hver især holder en kurv, en fakkel, et sværd, et spyd, en kranieskål eller en kølle (afhængigt af, hvilken passage man læser).

I en anden strofe hedder det: "Hendes hudfarve er som de sorte skyer, der dannes under kosmisk opløsning. Hendes ansigt er rynket, og hendes næse, øjne og hals ligner en krage. Hendes ansigt er fyldt med had. Hun er ret gammel ... hendes hår er sjusket, og hendes bryster er tørre og visne. Hun har ingen medfølelse."

Disse sætninger beskriver Dhumavatis selvmodsigende, endda forvirrende natur, da hun inkarnerer alt det, som en "normal" person er imod.

Kort sagt er Dhumavati den hinduistiske kælling, den evige heks på en kost, som giver stærk genklang af heksen fra både østlige og vestlige legender.

Dhumavati er en af de få gudinder, som ikke er traditionelt smuk - måske fordi vi opfatter skuffelse som uattraktiv. Hun er udtørret, uheldig og afvisende over for enhver, der ønsker livets luksus.

Hvis vi ser hende i øjnene, kan vi se, at hun er ren væren i sin reneste form. Hun har evnen til at lære os, at selv om vores ydre skønhed aftager, forbliver vores åndelige selv intakt.

Hvis vi kan se os selv i dette lys, uanset hvad der sker, har vi udnyttet Dhumavatis kraft.

Dhumavatis oprindelse er indhyllet i to historier. I den ene kommer hun ud af røgen fra Satis ligbål efter at have ofret sig selv ved sin fars ofring. Dhumavati, hvis ansigt er forkullet af ilden, træder ind i universet fyldt med den fornærmede gudinde Satis raseri og angst samt røgens flygtige, næsten gennemskinnelige kvalitet. Røg opløses, rejser og har ikke noget hjem, hvilket resulterer i gudinden Dhumavatis sociale usynlighed.

Ifølge den anden myte bliver Dhumavati født, efter at Shiva har forbandet Sati for ukvindelig vrede. Sati og Shiva deler et hjem i Himalaya. Som den asket, han er, nægter Shiva en dag at give hende noget at spise. "Så bliver jeg nødt til at spise dig," svarer Sati og sluger Shiva. Han dør selvfølgelig ikke.

I stedet overtaler han hende til at droppe ham. Han forbander hende og erklærer, at hun vil blive enke, så snart han bliver løsladt. Shiva og Sati er stadig ægtefæller i ét rige. I et parallelt univers optræder Sati som gudinden, der afvises af det maskuline; hun straffes for sit øjeblik af aggressivt raseri ved at blive dømt til at bo uden for mændenes beskyttelse og dermed uden for den almindelige civilisation.

Dhumavati er det feminine uden mandlig magt. På mange billeder sidder hun i en vogn uden noget til at trække den, en holdning, der både påpeger og skjuler, at hun er en dame, der ikke kører nogen steder hen i traditionel forstand.

FORENING MED KALI

Dhumavati og Kali er begge Mahavidyas, hinduistiske guder, der symboliserer forskellige elementer af Shakti, den guddommelige feminine ånd. De kædes ofte sammen, og nogle skrifter beskriver dem endda som den samme guddom.

Tilstedeværelsen af Dhumavati og Kali er en af de mest udbredte sammenhænge. Begge guddomme fremstilles ofte med mørk hudfarve, usoigneret hår og sorte hugtænder. De forbindes også med død, ødelæggelse og elendighed.

Dhumavati hævdes i visse skrifter at være en tidligere version af Kali. Devi Mahatmya, en sanskrit-litteratur og et af de mest berømte shaktismeskrifter, fortæller om Sati, Shivas brud, der ofrede sig selv i en brand, efter at hendes far, Daksha, havde fornærmet hendes mand. Satis lig blev efterfølgende skåret i 51 stykker, som hver især faldt til jorden på et separat sted. Ti mahavidyaer udviklede sig fra disse fragmenter, herunder Dhumavati og Kali.

Dhumavati og Kali angives i andre kilder at være separate manifestationer af den samme guddom. Dhumavati beskrives som en manifestation af Kali, der bor på krematoriepladsen i Shaktisamgama Tantra, et sanskritværk, der er et af de mest grundlæggende skrifter i tantrisk shaktisme.

Forbindelsen mellem Dhumavati og Kali er kompliceret, og der er ikke ét klart svar på emnet. Det er dog tydeligt, at de begge er store gudinder, som repræsenterer forskellige dele af den guddommelige, feminine kraft.

Dhumavati er Kalis ældre form, Kali som en ældre dame. Hun symboliserer tidens eller livskraftens adskillelse fra manifestationsprocessen.

Ligesom Kali afbildes Dhumavati ofte iført en krans af kranier. Denne symbolik er meget potent i forhold til, hvad kransen repræsenterer og betyder, og derfor er det bemærkelsesværdigt at tænke på, at kransen bæres af den samme tidsgudinde, som forvandler sig som månen med sin skiftende identitet, passende attributter og roller i bevægelse, begyndende som en jomfru og sluttende som en gammel kone.

Hun er tidløs og træder aldrig helt ind i tidsprocessen. Hun optræder ikke i den almindelige verden, men snarere som en baggrundsskærm eller tåge, der giver os mulighed for at se ud over de åbenlyse former, der omgiver os.

Tilbed Dhumavati, hvis du vil beskytte dig mod skadelige virkninger.

Hun giver transcendens og frihed og bringer os tilbage til den tilstand, vi var i, før de dårlige indflydelser opstod. at blive tiltrukket af det. Hendes tunge stikker ud og minder os om Kalis blodtørst, og alligevel stikker kællingens tunge kun en lille smule ud for at vise os, at begæret, lysten og tørsten efter den ultimative sandhed faktisk er endeløs.

Her er nogle citater, der understøtter forbindelsen mellem Dhumavati og Kali:

1. Devi Mahatmya, 7.24-25: "Fra røgen fra offerilden dukkede Sati op i form af den store gudinde Dhumavati, som er frygtelig at se på."
2. Shaktisamgama Tantra, 1.8: "Dhumavati er Kalis frygtelige form, som bor på krematoriepladsen."
3. David Kinsley, Hindu Goddesses: Visions of the Divine Feminine (University of California Press, 1997), 178-181: "Dhumavati betragtes undertiden som en ældre form for Kali, hvor hun repræsenterer tidløshed og umanifesteret livskraft."
4. Xenia Zeiler, Transformations in the Textual Tradition of Dhumavati (Brill, 2012), 23-24: "Dhumavati identificeres ofte med Kali, især i tantriske sammenhænge."

DHUMAVATI INDENI

Den hinduistiske gudinde Dhumavati er forbundet med hjertet eller den midterste del af kroppen i yogiske og tantriske traditioner.

Dhumavati er endnu en gudinde, som er forbundet med hjertechakraet eller kroppens centerområde. Hendes energi er dog tilbageholdt, enten ved siden af manifestationen eller ved at trække sig tilbage fra den.

Resultatet er, at hun kun er tåget til stede overalt, mens hendes tilstedeværelse dvæler bag alt. Det skyldes, at hun er mørkets, uvidenhedens og kaos' gudinde.

Hjertet anses for at være sindets sæde, og Dhumavatis tilknytning til denne del af kroppen symboliserer hendes evne til at fjerne uvidenhedens slør og afsløre virkelighedens sande natur.

I yogisk og tantrisk praksis påkaldes Dhumavati ofte for at hjælpe udøverne med at overvinde deres negative tanker og følelser. Hun siges også at give sine hengivne siddhis eller overnaturlige kræfter.

DHUMAVATI-MANTRAER

D humavatis primære mantra er i bund og grund det
samme som hendes frøstavelse Malin, der gentages.

"Dhrun dhron dhrunavati svahaa"

Bija Mantra:

Dhum (dhoom)

Mantra til at påkalde gudinden:

Dhum dhum dhumavati swaha dhoom dhoom
dhoom-uh-vuh-tee swah-hah

Det betyder noget:

Røg, røg, den, der er lavet af røg - jeg hilser hende.

Dhumavati Mahavidya Mantra:

Dette mantra siges at være meget kraftfuldt og kan bruges til at
påkalde gudindens vrede mod fjender. Det siges også at være en
hjælp til at overvinde negative tanker og følelser.

"Om Dhumavati Mahavidyaye Namah"

Dhumavati Siddhi Mantra:

Dette mantra siges at være en hjælp til at opnå succes i alle bestræbelser. Det siges også at give sine tilhængere siddhis eller overnaturlige kræfter.

"Om Dhumavati Siddhi Pradayini Svaha"

Dhumavati Moksha Mantra:

Dette mantra siges at være en hjælp til at opnå moksha eller befrielse fra samsaras kredsløb. Det siges også at give de hengivne fred og ro.

"Om Dhumavati Moksha Pradayini Svaha"

Korrespondancer, man skal huske på, når man messer Hendes mantraer,

Dhumavatis farver:

1. Røgfarvet grå,
2. Grå,
3. Sort

Dhumavatis rytter, bekendte og køretøj:

Krage

Dhumavatis gemalinde:

Ingen

DHUMAVATIS LÆRE

D er er en hård, men vigtig periode med tomhed i enhver kreativ eller voksende proces. Alle dine anstrengelser har været forgæves. Du ved, at der er mere at komme efter, men du er ikke sikker på, hvordan du skal komme derhen. Den eneste udvej på dette tidspunkt er at opgive forventning, håb og dit behov for komfort, penge, anerkendelse eller endda spirituel erfaring. Det er de øjeblikke i livet, hvor du konfronteres med din hjælpeløshed i forhold til at påvirke resultater, og hvor dine evner synes at have forladt dig.

Du befinder dig i en tilstand af tomhed og sårbarhed, knust af skuffelse eller tab eller af din egen manglende evne til at leve op til dine egne forventninger til dig selv.

Dhumavati er vores mentor, når vi fejler. Hun fører os ned i sjælens hule, og når vi følger hende, ser vi kilden, der stiger op fra hjertets tomme rum.

Aischylos skriver: "Selv i søvne falder den smerte, der ikke kan glemmes, dråbe for dråbe på hjertet, og på trods af os selv, mod vores vilje, kommer visdommen til os ved Guds forfærdelige nåde."

Dhumavatis opgave er at få indsigten frem og den nåde, der gør den mulig.

Alle, der nogensinde har søgt oplysning eller en åndelig oplevelse, vil kunne genkende det øjeblik, hvor man forstår, at åndelig stræben aldrig vil lykkes, at alle forsøg vil være nytteløse. Det er et skelsættende øjeblik i den indre praksis, og alle seriøse udøvere vil møde det før eller siden.

I kristen kontemplativ meditation omtales dette som "sjælens mørke nat". Din praksis mister sit pift. Du føler dig udtørret, fjern og måske uinteresseret i din rejse. Ingen af dine typiske metoder ser ud til at virke for at få dig tilbage. Denne fase er ofte forbundet med et tab af tro, en afvisning af tidligere sikkerheder. Det er også forbundet med en følelse af desillusionering i forhold til din religion eller lære.

Spirituelle søgende giver ofte udtryk for, at de ikke tror på en guru eller en vej. Det er et naturligt og vigtigt vækststadie, da det markerer overgangen fra konventionel tro til skepticismens kritiske udviklingsstadie.

Det kan føles, som om alle dine rekvisitter går i opløsning, men denne fornemmelse har evnen til at skabe plads i din hjerne til en dyb følelse af ikke-viden, som i sidste ende kan udvikle sig til en virkelig mystisk tro baseret på indre erfaring.

Mange af os i de nuværende spirituelle grupper "forstår" selvfølgelig dette intellektuelt uden virkelig at have gennemgået den periode, hvor vi kæmper.

Hvis vi er blevet påvirket af en "nondual" lærer, kan vi faktisk have lært, at anstrengelse i bund og grund er nytteløs på den åndelige vej, da det, du søger, altid er tilgængeligt og ikke kan findes ved anstrengelse.

Problemet er, at det ikke er nok bare at vide noget intellektuelt. De fleste mennesker er nødt til at lægge en masse arbejde i det, før de kan blive anerkendt.

Nåde i fiasko kommer ikke af manglende indsats eller en forhastet overgivelse. Ligesom du skal have skabt et ego, før du kan opleve, at egoet giver slip, skal du have engageret dig fuldt ud i din søgen, dit arbejde og din praksis, før du har gjort dig fortjent til at erkende, at indsatsen ikke vil bringe dig i mål.

Man kan ikke give op, før man er begyndt, eller fordi opgaven synes at være for svær. En sådan fiasko inddrager ikke den transformerende kraft.

Alle mine Dhumavati-inspirerede nådeøjeblikke er opstået i kølvandet på en enorm indsats, ofte den type fokuseret indsats, der resulterede i en form for udbrændthed.

Med andre ord opstod de som et resultat af, at jeg pressede mig selv til det yderste og blev mødt af en mur i form af omstændighederne eller, mere almindeligt, min egen fysiske svaghed eller sygdom.

For nogle år siden oplevede jeg et personligt sammenbrud efter flere års hårdt arbejde, hvor jeg ofte pressede mig selv til det yderste og var nødt til at søge dyb hvile. Jeg kunne næsten ikke bevæge mig fremad i mere end et par år, ligesom den hængte mand i Tarot-arkanaen. Jeg blev ved med at miste interessen for det verdslige liv, jeg havde forladt, mit drive og min energi blev samtidig svagere, og jeg følte mig mere og mere afkoblet fra mit erhverv og mine forretningsforbindelser, ja, selv mit liv og mine venner mistede deres relevans og betydning.

Jeg lignede endda hende, Dhumavati, med mine indsunkne kinder, tørre hud, vigende og udtyndende hår. Det var svært at finde viljen til at komme videre, til at rydde op, til at blive færdig, til at spise eller til at sidde op og meditere. Jeg lå på ryggen, stirrede på den tomme, mørke himmel og spekulerede på, hvor jeg var på vej hen, tog lange, dybe indåndinger og sank længere og dybere ned i min krop, blot for at indse, at jeg blev guidet af det tomme mørke.

Som ugerne gik, blev jeg bevidst om en stærk følelse af rigtighed og lethed. Det var, som om min dybe afsondrethed og usikkerhed gjorde det muligt for mig at tappe ind i en biologisk, visceral følelse af uendeligt nærvær. Dette nærvær var lidenskabsløst og neutralt, men kærligt og, vigtigst af alt, urokkeligt. Jeg havde en fornemmelse af, at det ville følge mig til døden og videre. Denne forståelse har intet spektakulært over sig.

Det var bare en anerkendelse af det, der er; livets ubrydelige holdbarhed, selv i intetheden.

Hver af de voldsomme gudinder giver denne oplevelse på deres egen unikke måde. Kali og hendes alter ego, Bhairavi, opnår dette ved en hurtig, flammende og eksplosiv forvandling.

Dhumavati gør dette ved vedvarende at tvinge dig til at anerkende din marginalitet, din manglende evne til at vide noget med sikkerhed, tørheden og tomheden i tomme erfaringsområder, når handling bliver umulig.

Når vi konfronteres med døden eller kronisk sygdom, vil vi alle opleve dette. Mange gange vil du på vejen til at vågne blive bedt om at dø for et stærkt ønske. På sådanne tidspunkter rækker Dhumavati sin skjulte hånd ud og leder dig fra skuffelse til ro og frihed. "Fred følger forsagelse," står der i Bhagavad Gita, og det er en ligefrem sandhed.

Normalt tvinges vi dog til at give afkald på ting, vi er afhængige af, når vi mister dem. Et forhold slutter, et barn forsvinder, en karriere går tabt, og dit helbred forværres. Men når det værste sker, kan du finde en enorm værdighed og ro i bare at stå ved den, du er. Det gør ingen forskel, hvordan tingene ser ud på ydersiden, eller hvad du tror, dit liv burde være i sådan en situation.

Denne forståelse kan findes i hele den taoistiske lære. Chuang Tzu, en kinesisk vismand, sammenligner den taoistiske vismand med et vissent, værdiløst træ, der overlever, fordi ingen vil bruge det til brændsel eller byggeri. Udøvere kan dyrke denne følelse af, at alting falder væk, i et traditionelt zen-retreat. Når man sidder i op til 18 timer om dagen og stirrer ind i en væg, oplever man alle former for modstand: kedsomhed, rædsel, adspredelse og fysisk smerte. Til sidst forsvinder tankerne. Alt, hvad du tror, du er, går i opløsning. Du indser den grundlæggende bevidsthed, der ligger under tænkningen. Zen-mestre i Japan omtaler dette som "krop-sind falder væk". Det er en tilstand, der kan katapultere dig ind i kensho, en forbløffende opvågning af, hvem du er under din almindelige identitet, eller satori, fornemmelsen af et nu, der hele tiden udvikler sig, som beskrevet i Zen

Man mener, at Dhumavati får dig til at søge isolation, den type ro, der er tilfreds med at stå uden for spillet. Nogle af mine dybeste øjeblikke af sindsro er opstået i mit liv, da jeg mistede noget, jeg havde kært - en eller anden form for kontrakt, en social kontrakt, måske et forhold - og gav slip på det. Jeg husker en periode, hvor en myndigheds beslutning bragte mit omdømme i alvorlig fare. Jeg kæmpede mod beslutningen hele tiden og tabte. At kæmpe mod følelsen er kun naturligt og menneskeligt. Erkendelsen af, at alt er endeligt og vil blive til ingenting, som det oprindeligt var, er også naturlig, men det er meget få af os, der nogensinde når dertil.

Efter den første fase med sorg og vrede kom der et tidspunkt, hvor jeg bare opgav at kæmpe. Jeg overgav mig til virkeligheden og forlod den psykologiske slagmark. Den ro, der brød ud i mig, var så dyb som noget, jeg nogensinde havde følt. Det forbløffede mig, hvor meget spænding og angst der er i at kæmpe mod virkeligheden, og hvor meget afslapning der opstår, når man giver slip på at vinde eller holder op med at klynge sig til et synspunkt eller et forhold - selv et, man troede, man ikke kunne leve uden.

Når en bølge falder ned over dit hoved, er din eneste chance for at overleve at dykke ned i den i stedet for at modstå den.

Dhumavati, som en indre arketype, repræsenterer din evne til at give slip på ting, du troede, du havde brug for.

Det er et talent, der kan få dig igennem gentagne anfald af ekstrem skuffelse; personligt tror jeg, at det er en evne, der udspringer af en særlig form for nåde. Mange af os bliver, ligesom manden, der mister sit job og senere får et hjerteanfald, knust af skuffelse.

Sorg kan have en negativ indvirkning på dit helbred. Fattige og rettighedsløse mennesker internaliserer ofte deres vrede og skuffelse, hvilket kan føre til forhøjet blodtryk, vold i hjemmet eller fortvivlelse. Det er en unik evne at være i stand til at acceptere skuffelsens gave. Det kræver en bestemt form for overgivelsespraksis, og Dhumavati er din ufejlbarlige guide her.

"Giv slip" er Dhumavatis dybeste mantra. Det dukker op som en stille hvisken i hjertet, når du møder hendes ustoppelige kraft og ved, at det at knuse dig udvider dine grænser, indtil grænserne ikke længere har nogen betydning. Så flyder du gennem virkeligheden som damp og ser ud på verden med den erkendelse, at du er i alt.

Sid stille og gentag Dhumavatis mantra: "Giv slip." Overvej de områder i dit liv, som virker ufuldstændige eller utilfredsstillende.

Med en udånding tænker du "Giv slip" og slipper dem. Overvej de ting i dit liv, som du er følelsesmæssigt forbundet med, eller som du elsker.

Tænk "Giv slip" for hvert åndedrag, og slip dem en efter en.

Husk, at du altid kan få dem tilbage. Denne frigivelse er kun midlertidig.

Tænk over, hvordan du beskriver dig selv.

Først og fremmest er der det åbenlyse: mand/kvinde, datter/ søn af ______, mor/far af ______, finansplanlægger, lærer, sød person, genert person, vred person, succesfuld, neurotisk, klog, overvægtig, træt, glad - uanset hvilke psykologiske eller fysiske egenskaber du føler er en del af "dig".

Sug hver eneste egenskab ud, som du kommer til at tænke på med tanken: "Giv slip."

Giv slip på det, du tror, er dig, med de næste par udåndinger. Giv slip på alt med tanken "Giv slip".

Hvad er der tilbage, når man har givet slip på alt?

Når du åbner øjnene, skal du se ind i rummet omkring genstandene i dit syn, ikke på selve formerne, men på det, der holder dem.

På samme måde skal du være opmærksom på det rum, der omgiver alle ideer eller billeder, der opstår i dit sind. Tanker, opfattelser og synspunkter kan eksistere, men de holdes alle i sindets tomrum, hvis substans er ren bevidsthed.

DHUMAVATIS VELSIGNELSER

Selv om du er på en verdslig vej, bør du være opmærksom på den ældre dame med kragen på sit flag. Hendes skulende blik kan være en velsignelse i forklædning.

Vi ved fra fortællinger og film, at taskekvinder og hjemløse mænd kan være kloge, kærlige væsener, som har valgt at blive forsømt eller tilsidesat, fordi det giver dem frihed, og som har viden at dele med nogen, der forstår at behandle dem med respekt.

Der findes en fortælling i europæisk folklore om Dame Ragnell, som fortæller kong Arthur hemmeligheden bag den gåde, der kan redde hans rige.

Eventyrene er fulde af kællinger, som, hvis de behandles forsigtigt, hvisker den magiske sætning, der gør det muligt for den høflige unge mand at finde en skat eller hjælper en smuk pige med at gifte sig med en prins.

Dhumavati er en Shakti, som virker stærk, men som i virkeligheden er ømhjertet. Det er meningen, at hun skal give sine troende alt, hvad de ønsker - ved at se kærligt ind i skuffelsens ansigt kan du forbinde dig med hendes kærlighed og styrke.

At opfatte Dhumavatis velsignelser:

I denne praksis vil du bruge Dhumavatis bija-mantra.

Frøordet dhum betyder bogstaveligt talt "røg"; hele mantraet betyder "røg, røg, den, der er lavet af røg - jeg hilser hende."

Find et roligt og behageligt sted til denne aktivitet, og hav en dagbog og en kuglepen klar.

Sig først Dhumavati-mantraet højt ni gange:

Dhum dhum dhum dhumavati dhoom-uh-vuh-tee swah-hah dhoom-uh-vuh-tee swah-hah dhoom-uh-vuh-tee

Tænk på situationer i dit liv, hvor dine drømme og ambitioner blev knust, hvilket førte til følelser af tomhed og fiasko.

Hvordan hjalp disse oplevelser dig med at vokse?

Hvilke talenter opdagede du i din fiasko?

Notér alle indsigter, der kommer til dig.

Det er ikke alle, der kan gå ind i skuffelsens hule og opdage de skjulte kilder. De fleste af os ønsker at undgå fiasko, som vi bør, og det er derfor, Dhumavati ikke er en velkendt gudinde.

Faktisk råder traditionelle hinduistiske præster ofte gifte personer og personer med familie til at undgå hende, da hun har ry for at bryde familiebånd. På den anden side kan fiasko og skuffelse være egentlige døre til selvrealisering for en person, der er tilbøjelig til at give afkald, eller en person, der oprigtigt ønsker at ødelægge hindringerne for fællesskabet med hendes dybe sjæl.

Dhumavati er en gudinde for det senere liv, fordi hun viser glædens forgængelighed og den verdslige glædes skuffende karakter. De fleste unge mennesker har alt for meget sprudlende energi og et stærkt ønske om at opgive og give slip.

Som livsvejleder har Dhumavati mest at lære dem, der har udtømt vejen til nydelse og anstrengelse, såvel som dem, der er parate til at sidde i ikke-handling og lade komme, hvad der måtte komme. Hun er en nødvendig lærer, endda en mellemstation på den åndelige rejse, hvis dit mål er at gå dybt ind i kontemplativ bevidsthed.

Leonard Cohen er en strålende digter i sin generation, der taler om skuffelse og den kærlighed, der varer ved, når alt andet svigter. Han forlod et zen-kloster, hvor han havde boet i årevis, da han var i tresserne. Kort tid efter stjal hans manager alle hans penge og tvang Cohen til at tage på en række optrædensturnéer. At se ham i koncertfilmen Live in London er at se ind i skuffelsens åbne hjerte. Han fremstår som beskeden, engageret og meget respektfuld over for publikum og de kunstnere, der står på scenen sammen med ham. Hans ansigt - rynket, furet og bare gammelt - er et kort over de velsignelser, der kan komme ud af at gå målrettet ind i tab og sorg.

Dhumavati kan også føre til en tilstand af tankefri meditation og en dyb og langvarig form for opvågning.

I The Power of Now fortæller den moderne lærer Eckhart Tolle om en forbløffende opvågning, han fik i et øjeblik med dybt indre mørke. Han var faldet ned i en dyb melankoli, så dyb, at han en aften konkluderede, at han ikke havde lyst til at leve mere. I den forbindelse fik han den usædvanlige erkendelse: "Hvis jeg ikke kan leve med mig selv, må der være to af mig:

"Jeg" og "selvet", som "jeg" ikke kan leve med." Måske ... er kun én af dem ægte." Dermed syntes hans tænkning at gå i stå, og det virkede, som om han gik ind i en tom tilstand, hvorfra han vågnede op til en månedlang oplevelse af ro og lykke.

Byron Katie, en anden nonduality-lærer, havde sin egen opvågning på en alkoholbehandlingsklinik. Hun vågnede en morgen og stod ansigt til ansigt med en kakerlak, og midt i erkendelsen af, hvor langt "ned" hun var faldet, fik hun en dyb indsigt i, at virkeligheden er præcis, som den skal være. Den forståelse markerede starten på, hvad der syntes at være en vedvarende rejse mod glæde og ro for hende. Hendes fortabte rejse afslørede hende for den underliggende tilstedeværelse under alting.

EN INDRE REFLEKSION

Denne introspektion kan hjælpe dig med at genskabe forbindelsen til aspekter af dig selv, som du tidligere har afvist.

Før du begynder, skal du finde en behagelig stilling og bruge et par minutter på at koncentrere dig om din vejrtrækning.

Tænk først på dit eget liv.

Hvordan opfatter du dig selv, når du har fejlet eller er blevet svigtet?

Kan du se på dig selv med samme kærlighed, som du gør efter en stor succes?

Eller afviser du dig selv på en subtil måde?

Læg mærke til dine følelser, når du tænker på dem, der har skuffet dig eller svigtet dig.

Har du sympati for dem?

Ønsker du at holde dig væk fra dem?

Hvad er din typiske indre og ydre reaktion på en hjemløs? Til en virkelig syg person? Holder du dig på afstand? Har du ondt af dig selv? Forholder du dig til dem?

Tænk på en menneskelig inkarnation af Dhumavati-energien. Det kan være en syg kammerat, en hjemløs, din bedstemor eller en, der lider af Alzheimers sygdom.

Overvej at tage personen i dine arme. Mærk dine egne fornemmelser i det kram, såvel som den anden persons.

At gå ind i Dhumavatis tomhed:

Indtag en behagelig siddestilling til denne kontemplation, og gør dig klar til at fremkalde Dhumavatis energi via dit sind.

Begynd med at sige Dhumavati-mantraet 21 gange:

"Dhum dhum dhumavati swaha."

Tænk på Dhumavati, gudinden, som opstår gennem skuffelse og irritation, og hvis offergaver kan vise os vejen til større viden, som følger med skuffelse og tab.

Forestil dig, at du sidder i en ørken eller en kløft, omgivet af klipper og himmel. Gudinden sidder på jorden foran dig. Hun har mørk hudfarve, er slank og klædt i klude. Hendes næse er lang, og hendes kinder og bryster er hængende. Hendes øjne er skarpe og kraftfulde på trods af hendes rynkede pande.

Hun ser på dig med et klart, upartisk blik, som om hun spørger: "Kan du se ind i håbløshedens ansigt?" Kan du se velsignelserne i fiasko? "Kan du se dit sande jeg, når alt, hvad du stoler på, er væk?"

Når man ser nærmere efter, ser man et enormt, rent rum bag hendes øjne, rummet af den fredfyldte intethed hinsides ønsker.

Hun demonstrerer accept og evnen til at gå ind i tomheden.

Lad dit fokus vende tilbage til dig selv, mens du stirrer på Dhumavati. Lad hendes form formidle hendes klarhed, mangel på forstillelse og nedbarberede ægthed.

Prøv at opleve den enorme lettelse, der kommer af at give slip på enhver forventning eller ethvert ønske.

Læg mærke til enhver frygt eller modstand, der dukker op, og fortsæt med at lade Dhumavatis rolige, accepterende blik ødelægge din forbindelse til alt det, du tror, du er. Bed om viden fra Dhumavati.

Åbn øjnene, og se dig omkring. Lad din opmærksomhed blive tiltrukket af rummet omkring genstandene i stedet for genstandene selv.

Se, om du kan opfatte den bagvedliggende storhed, der indeholder alt. Det er det syn, der giver dig mulighed for at skimte den formløse tomhed, der indeholder og gennemsyrer alle former.

NAVNE PÅ DHUMAVATI

D humavati

dhoom-uh-vuh-tee

-Smoky One

Etymologi:

Dhumavati har fået sit navn fra sanskritordene "dhuma" (røg) og "vati" (en, der opnår). Det kan direkte oversættes til "den røgfyldte".

Hendes mørke hud og forkærlighed for røg har inspireret hendes navn. Hun afbildes ofte som en enke med usoigneret hår, sorte tænder og en krage på skulderen. Hun ses også kørende på en vogn trukket af to sorte hunde.

Dhumavatis navn er også knyttet til den hinduistiske idé om maya eller vildfarelse. Maya er uvidenhedens slør, som forhindrer os i at opfatte tingenes egentlige essens. Dhumavati er kendt som mayas gudinde, og hun bliver ofte tilkaldt for at hjælpe udøvere med at overvinde deres uvidenhed og se sandheden.

Andre navne for Dhumavati:

Jyeshtha (jyey-shthah) - Den ældre

Jyestha er navnet på en stjerne, men det kan også henvise til en ældre søster. Dhumavati fremstilles ofte som en ældre dame, og hun omtales nogle gange som "den ældste af gudinderne".

Alakshmi (uh-luhk-shmee) - Den uskadelige

Det kan oversættes til "den, der mangler Lakshmis kvaliteter". Lakshmi er gudinden for rigdom og velstand, mens Alakshmi er hendes modsætning. Hun repræsenterer fattigdom, tragedie og ødelæggelse.

Nirriti: Det kan oversættes til "ødelæggelse".

Nirriti er gudinden for kaos og ødelæggelse. Hun forbindes ofte med Dhumavati, en anden ødelæggelsesgudinde.

DHUMAVATIS CORESSPONDENCES

Her er nogle af korrespondancerne for den hinduistiske gudinde Dhumavati:

Farver: Sort, grå og ask

Dyrene: Krager, hunde og slanger

Planter: Neem, basilikum og sort peber

Ædelstene: Onyx, obsidian og jet

Kørselsvejledning: Nord

Elementer: Luft og ild

Tidspunkt på dagen: Skumring

Måned: Margashirsha (november-december)

Yantra: En firkant med fire trekanter, der peger indad

Mantra: Om Dhumavati Mahavidyaye Namah

Disse korrespondancer bruges ofte i tantrisk praksis til at påkalde Dhumavatis kraft.

For eksempel kan en udøver bære sort tøj eller meditere på en sort yantra for at komme i kontakt med gudindens energi. De kan også tilbyde sorte blomster eller røgelse til hende som en måde at vise deres hengivenhed på.

Egenskaber og tilbøjeligheder.

Gudinde af:

- skuffelse

- alderdom

- Enketilværelse

- Tomhed, der kan åbne sig til velsignelse

- død

- At navigere i sjælens mørke nat

- tab af levebrød eller status

- ugyldige betingelser

- uheldighed som et transformerende frø

<hr>

DHUMAVATI KAN FINDES manifesteret på følgende steder:

- dyb søvn

- mørke, måneløse nætter

- Fattige mennesker

- Alderdomshjem

- udtørrede søer

- ørkener

- stemninger af tristhed og håb

- dyb sorg

- den rene oplevelse af nuet

PÅKALD DHUMAVATI FOR at søge følgende:

- oplevelsen af egoløshed som en fase i praksis

- At leve med marginalisering

- at acceptere alderdommen med ynde

- At navigere i skuffelse

- At finde uventet velsignelse i tab

- at opdage friheden i at give slip

- Overskride følelser af uværdighed

- Medfølelse med de ældre, de syge og de hjemløse

DHUMAVATI SAHSRANAMA MANTRA

DHUMAVATIS SAHSRA NAMA Mantras (tusind navne):

Oversættelse:

Shri Dhumavati Sahasranama Stotram .

O Herre, fortæl mig venligst om Dharmas nat i Dhumavati.

Denne stotra med tusind navne skænker mig alle fuldkommenheder. 1

Sri Bhairava sagde

O gudinde, store illusoriske energi, kære du, som er livskraften, hør venligst fra mig.

Denne stotra med tusind navne ødelægger denne verdens fjender. 2 - Sri Dhumavati Sahasranama Stotram

◈ Denne stotra indeholder de tusind navne på Śrī Dhūmāvatī. Vismanden er Pippalāda, den

sangen er Dhūmāvatī, og guddommen er Dhūmāvatī.

Røg er en røgfyldt røg, og røg er en røg-drikkende ting.

Hun blev vasket, og hendes stemme blev vasket, og hun var Herren Dhūmeśvaras bolig. 3

Hun er uendelig og uendelig formløs.

Den første stavelse er Ānanda, Dananda, og hun er Indras form. 4

Hun giver velstand, korn, rigdom, tale, berømmelse, religion og kærlighed.

Hun bor på et bjerg i sit hus og er hengiven til sin lykke og sit held. 5

Hun forheksede Rama, Ravana og Sugriva og var Hanumans yndling.

Hun kender vedaerne, skrifterne og puranaerne og er legemliggørelsen af vedaernes lys. 6 - Sri Dhumavati Sahasranama Stotram

Hun er klog, smuk, attraktiv, en fryd for øjet og tilfredsstillende.

Hendes ansigt var som et lotussæde, og hendes ansigt smilede som månen. 7

Hun var klog og havde smukt hår og var glad for at give de fire timer.

Kala er tidens indehaver, Dhīra er jordens indehaver. 8

Hun var en diamant, farven på en diamant, og hendes øjne var som en hjorts.

Hun ødelægger stolthed, vildfarelse, vrede, grådighed, hengivenhed og had. 9

Naradevakari Rama Ramanandamanohara.

Hun tilbedes af den, der ødelægger yoga, nydelse, vrede og grådighed. 10 - Sri Dhumavati Sahasranama Stotram

Det giver velgørenhed, ære, viden, ære, drikke, sang og lykke.

Hun giver lykke til elefanter, køer, heste og fodspor og ødelægger alle levende væsener. 11

Bhavabhava og Bala er dem, der giver velsignelser, og de er kære for Herren Śiva.

Kransen af mālatī er hjertet af et palmetræ. 12 -Sri Dhumavati Sahasranama Stotram

Jalavalhalakalakapalapriyavadini.

Hun er rig på karanja-træer og gunja og lever af mangospirer. 13

Hun bor i Panasa og er afhængig af at drikke og er i familie med Panasesha.

Hun er kilden til renhed og renhed og er fuld af alle ønsker. 14

Pūta, Pūtakala, Paura, Purāṇasurasundari.

Hun er det højeste væsen, den højeste sjæl, den højeste Mohini. 15 Sri Dhumavati Sahasranama Stotram

Hun er universets illusoriske energi, universets skaber og universets herlighed.

Janani Jayini Jaya Jita Jinajayaprada 16 .

Fame er gudinden for viden, meditation og ære.

Hun kendte til poesi og grammatik og gav visdom og intelligens. 17 Sri Dhumavati Sahasranama Stotram

De kloges viden overvinder de kloge og tilbedes af de kloge.

Paravarejya varada parada sharada dara 18 .

Darini er gudernes engel, og Madana er den, der giver kærlighed.

Hun er den højeste lykkegudinde og har adgang til den højeste viden. 19

Yajna er den lykkebringende kilde til opofrelse og viden.

Den smukke gudinde Shubramathini besejrede dæmonerne Niśumbha. 20 Sri Dhumavati Sahasranama Stotram

Śāmbhavī, Śambhus kone, var datter af Śambhu og havde et smukt ansigt.

Śāṅkārī bliver tilbedt af Śaṅkara og bliver tilbedt af Lord Śiva. 21

Hun dræber fjender og skænker fjender og ødelægger fjender.

Śaivī er Herren Śivas bolig og er altid kær for bjergenes konge. 22

Sharvari Shavari Shambhu er rig på nektar og bor i Saudha.

Hun er dydig og har dydernes form og er ærefuld og frygtindgydende og heroisk. 23 Sri Dhumavati Sahasranama Stotram

Gaurāṅgī, Gaurādeha, Gaurī, Gurumati, Guru.

Hun er legemliggørelsen af ko-gudinden Gaurgavya og er legemliggørelsen af naturtilstandenes lyksalighed. 24

Ganesha Ganada er en dydig kvinde, som ønsker at blive æret.

Hun er mor til Ganaer og tilbeder Ganaer og ødelægger millioner af Ganaer. 25 Sri Dhumavati Sahasranama Stotram

Durgā ødelægger de onde og giver glæde til de onde

Hun giver himmel og befrielse og er meget venlig over for de fattige. 26

Hun er svær at se på og svær at ødelægge.

Hun er hvid, hvid og sort, og hun giver tid og ødelægger tid. 27 Sri Dhumavati Sahasranama Stotram

Hun gør grin med handlinger og ødelægger religion og irreligion.

Gaurī er stolt af sig selv og er meget glad for at synge. 28

Ganges er Bhagirathi, Bhanga er Bhaga, og Bhaga er lykkens kilde.

Bhavānī er også kendt som Bhavahantrī og er lig med Bhairavī.
29

Bhīma Bhīmarava Bhīmi Bhīmanandapradayini.

Husly, husly, fred, måne, ødelægger af konkylier. 30

Naturens tilstande er de sekundære kilder til dyd og giver glæde og lykke.

Hun forhekser folk og skænker universets lyksaligheder. 31

Jita er Vijayas kone, og Vijaya er den, der giver sejr.

Kama Kālī Kārālasya Kharvā Khanjā Kharā Gada 32

Garva er Garudas kone, og Dharma er Gharggharas kone.

Hun bevæger sig rundt og bliver tilbedt af alle levende væsener. 33

Chhinnamasta Jaya Japya Jagajjaya Jharjjhari.

Jhākāra er jhīṣ kṛtiṣ ṭīkā, og tankā er lyden af tankāra. 34

Thika Thakkurthakkangi Thathathangkaradhundhura.

Dhuṇḍhītārajatirnā ødelægger illusionen om palmetræet. 35

Thakara Thakara Datri Deepa Deepavinashini.

Velsignet er den rige og velhavende Narmada, som fryder sig i glæde 36 Sri Dhumavati Sahasranama Stotram

Padma, Padmavati, Yellow, Sphanta, Whistling.

Blomsten er Brahmamaya og Brahma og skænker det absolutes lyksalighed. 37

Hun tilbedes af Lord Śiva og er Lord Śivas hoved.

Madira er lykkens gudinde, og Yaśodā bliver tilbedt af Yamarāja. 38 Sri Dhumavati Sahasranama Stotram

Yamya er en smuk slyngplante i form af Rama.

Hun er Lankas gudinde, der skænker tale, og som bor i eremitagen 39 .

Hun er træt og har form som en shakara og bærer et shakara-æsel.

Hun er en form for Sahyadri og er kendt som Sānandā. 40

Hun tilbeder Herren Śiva og er tilfreds med sin kærlighed til Vālavācala og Vaṅga.

Natten er kilden til forfald, og mælken er formen på bogstavet A. 41 .

Kālikā er indbegrebet af tid og er glad for skænderier.

Hun er lykkebringende og giver fred og er blid og undertrykker sine fjender. 42 Sri Dhumavati Sahasranama Stotram

Bhavānī er legemliggørelsen af Herren Śiva, og Śarvāṇī er alt-ondskabsfuld.

Hun er lykkens gudinde, som fordriver fjender og tilintetgør dæmonerne Śumbha og Śumbha. 43

Hun er i form af mantraet Dhakara og er tilfreds med
røgfrøene.

Dhanadhyaksha roses af Dhīrā Dharārūpā Dharāvatī 44 .

Hun er også kendt som Charviṇī og tilbedes af månen.

Skyggen er skyggeagtig, ren, skærende, jordisk, tilgivende. 45
Sri Dhumavati Sahasranama Stotram

Valgini, Varddhini, Vandya, Vedamata, Budhastuta.

Dhārā Dhārāvatī er velsignet og dedikeret til religiøs
velgørenhed 46 .

Hun er stolt og tilbedt af sin lærer og giver viden og er udstyret
med dyder.

Hun var retfærdig og i retfærdighedens form og var hengiven
til lyden af klokker 47 .

Lyden af klokker lød, og den hvirvlende, hvirvlende, frygtelige
fremtoning.

Hun er ødelæggeren af Kali-yuga og budbringeren af
Kali-yuga. 48

Hun ødelægger tiden og kaldes Kalya, poesiens giver og tidens
form.

Regn giver regn og forhindrer kraftig regn 49 .

Den dødbringende dal er halsen på den dødbringende kube.

Dhūmbījā Dhūnjapānanda er tilfreds med at synge Dhūmbīja. 50 Sri Dhumavati Sahasranama Stotram

Hun er knyttet til Dhūndhūmbījas sang og er hengiven over for Dhūndhūmbīja.

Røg glæder røgen og giver rigdom og er stolt af rigdom. 51

Padmāvatī, lotuskransen, bliver tilbedt af lotusskødet.

Den uendelige Pūrāṇī er fuld, og Pūrṇimā bliver tilbedt. 52 Sri Dhumavati Sahasranama Stotram

Hun giver frugter og spiser frugter og er frugtbar og giver frugter.

Hun puster og får frugt og spiser frugt og er fuld af frugt. 53

Hun elsker at vælge vand og er i stand til at krydse et hav af vand.

Hun var bleg og havde røgfyldte øjne og et røgfyldt udseende. 54

Politik er formen for politik, og hun kender til etik og er ekspert i retspraksis.

Hun er frelseren og stjernernes form og er dedikeret til viden om sandheden. 55

Hun er tyk, har en tyk læbe og bor det bedste sted.

Hun er tyk og står på Herrens lotusfødder. 56 Sri Dhumavati Sahasranama Stotram

Hun er tør, smuk, kølig og drikker kolde drinks.

Śāriṇī Śaṅkhini er ren og ødelægger de dæmoner, der er kendt som Śaṅkha. 57

Natten tilbedes af natteguden og tilbedes af nattens herre.

Hun er en værdig yogī, som er vågen om natten og bliver tilbedt af yogier. 58

Hun er en yogini, som betjenes af et væld af yoginier, og som er bevidst om yoga.

Hun er engageret i yogaens vej og følger yogaens vej. 59 Sri Dhumavati Sahasranama Stotram

Hun var en yogi, en yogi, og blev tilbedt af Yaminis mand.

Hun var en uegnet kriger og en kriger, der var dygtig til krigskunst 60 .

Hun er enden på slagmarken og lever på slagmarken.

Siddha er perfektionens gudinde, og Siddhi bor i Siddhis hus. 61

Siddha Riti er Siddha Priti, og Siddha er den, der udfører principperne.

Hun er tilgængelig for siddhaerne og tilbedes af siddhaerne. 62

Hun er dygtig og er glad for midler.

Hun er værdig til at opnå noget og er opnåelig og smuk i selskab med dem, der opnår noget. 63

Hun er kysk og har en kysk natur og giver kysk afkom.

Hun tilbedes af de hellige personer og tilbedes af de hellige personer. 64 Sri Dhumavati Sahasranama Stotram

Hun så godt ud, havde en god ryg og var altid ivrig efter at fodre de gode.

Godhedens tilstand fuldendes i godhedens tilstand og skal betjenes i godhedens tilstand. 65

Hun er fredfyldt og øger godhedens tilstand.

Viden om godhedens måde at være på er viden om godhedens måde at være på. 66

Forøgelsen af godhedens tilstand er perfektioneringen af godhedens tilstand.

Hun var smuk af udseende og havde en smuk krop og smukke øjne. 67 Sri Dhumavati Sahasranama Stotram

Hun er en falsk kvinde, en falsk beslutning, en falsk nyhed og en elsker af tilgivelse.

Hun er stædig og elsker stædighed. 68

Hun er en stædig kvinde, som er stædigt engageret i stædige handlinger.

Hun er engageret i stædigt samleje og er glad for pludseligt samleje. 69 Sri Dhumavati Sahasranama Stotram

Hun er stædig og oprigtig, og hun har Herren kær.

Hjortens øjne er som et rådyrs, og hun spiser kød fra et rådyr. 70

Hun har hjorteøjne, drikker hjorte og glæder sig over hjorteflokken.

Hun ødelægger hjorteflokkene og fodrer hjortene. 71

Hun var glad for at jage hjorte og fulgte hjortene til ære for hende.

Hun er fattig i udseende og fattig i rigdom og giver rigdom 72 Sri Dhumavati Sahasranama Stotram

De levede på et bjerg af væsker og blev blandet med væsker.

Hun var høj med lange ben og en stærk figur 73 .

Hun er stærk, hadefuld, ond, hadefuld og ødelægger hadet.

Hun er skyldig i fejl og ødelægger onde fjender 74 .

Hun ødelægger halvgudernes lidelser og river de onde dæmoners hærskarer fra hinanden.

Hun ødelægger de onde dæmoner og ødelægger de onde dæmoner 75 Sri Dhumavati Sahasranama Stotram

Hun giver liv til halvguderne og ødelægger al ulykke.

Hun er en danser, der bliver betjent af skuespillere og helte og elsker dansere 76 .

Teaterkunsten er teatrets performer, lydmageren, lydmageren.

Hun var ny og ny og klædt i nyt tøj. 77

Hun havde nyt tøj på, nye guirlander og nye ornamenter.

Hun talte negativt og bøjede sig ned og var udsmykket med ni ornamenter. 78

Lave veje, lav jord, lave veje, bevægelse, bevægelse.

Hun er mesterens tjener og hengiven til mesteren og skænker mesterens glæde. 79

Hun er ydmyg, bevæger sig blidt, leder, diagnosticerer og taler.

O syndfri, en kvinde er i midten af en kvinde, og en kvinde er i midten af en kvinde. 80 Sri Dhumavati Sahasranama Stotram

Hun elsker kvinder og tilbeder mænd og afslører mænds navne.

Rati er glad for ægteskabelig nydelse og er smuk og elsker ægteskabelig nydelse. 81

Hun tilbedes på stedet for den ægteskabelige nydelse og giver glæden ved den ægteskabelige nydelse.

Hun er formen for ægteskabelig glæde og mediterer over ægteskabelig tiltrækning. 82

Ratirasamahollasa Ratirasaviharīṇī.

Ratikanthastuta rashi rashi rakshanakariṇī 83 Sri Dhumavati Sahasranama Stotram

Hun var formløs og ren af udseende og smuk og stolt af sin skønhed

Hun er udrustet med skønhed og ungdom og er fuld af skønhed. 84

Rodhini, Roshini, Rushta, Roshirudha og Rasaprada.

Madinī er glad for Madana og er beruset af honning og giver honning. 85

Hun drikker alkohol og studerer alkohol og beskytter alkoholikeres liv.

Hun giver glæden ved at drikke alkohol og er tilfreds med kærligheden til alkohol. 86 Sri Dhumavati Sahasranama Stotram

Hun er dranker og nyder at drikke alkohol.

Madira er rød som vin og nyder at drikke vin. 87

Hun er tilfreds med alkohol og forhekset af alkohol.

Hun er fortryllet af vinens sind og drikker honning og giver vin. 88

Hun er altid glad for at give honning og er meget glad for at drikke honning.

Modini Modasandatri Mudita Modamanasa 89

Hun giver glæde og bringer glæde og lykke.

Hun var tilfreds med at give modaka og var i stand til at acceptere modaka 90 .

Hun var vred på tidspunktet for nydelsen og var tilfreds med at få nydelse.

Hun spiste kød og nød at spise kød. 91 Sri Dhumavati Sahasranama Stotram

Hun elsker at tilberede kød og bor i et kødkøkken.

Det smager af fisk og kød og består af fem stavelser. 92

Mudra Mudras mor er meget vildledt og opmærksom.

Mønten er udstyret med en mønt og er kendetegnet ved en mønt. 93

Gudinden Mādrī er udsmykket med segl og bor på Mandara-bjerget.

Hun bliver tilbedt af Mandara-bjerget og bor på Mandara-bjerget. 94

Hun er Mandaras lotusfødder og bor i Mandara-skoven.

Den langsomme kvinde bevæger sig langsomt og dræber. 95 Sri Dhumavati Sahasranama Stotram

Epidemien er det epidemilindrende lig.

Hun spiste kød fra lig og boede på kirkegården 96 .

Hun glædede sig over kirkegårdens resultater og boede i kirkegårdsbygningen.

Soveværelserne på kirkegården var smurt ind i kirkegårdens aske. 97

Hun var bange for asken på kirkegården og boede på kirkegården.

Hun bliver tilbedt af Śāmī og bliver tilbedt af Śamana. 98

Hun var tilfreds med at praktisere shamana og boede i et shamana-kammer.

Hun er fredens herskerinde og bliver tilbedt af de fredelige herrer 99 .

Shantapujapara Shanta Shantagar Prabhojini.

Shantapujya Shantavandya Shantagrahasudharini 100

Hun er fredelig i sit udseende, fredelig og ren i den fredelige månes stråleglans.

Blomsten er pletfri, ren og falmet. 101

Hun elsker jasminens blomster og tilbeder jasminens blomster.

Det store bjerg er meget voldsomt og bor midt i landet 102 Sri Dhumavati Sahasranama Stotram

Hun er tilfreds med mellemlyden og laver mellemlyden.

Midten er den midterste kærlighed, og den midterste kærlighed er fyldt. 103

Hun var klædt i en malerisk kjole midt på kroppen og var meget stolt.

Hun blev tilbedt af Indra og tilbedt af Indra. 104

Hun er forbundet med Mahendra-netværket og danner Mahendra-netværket.

Hun blev hædret af kong Indra og var omgivet af en hærskare af stolte kvinder. 105

Hun er stolt, glad for ære og ødelægger ære.

Mukti tiltrækker de stolte og skænker befrielse og skænker stor befrielse. 106 Sri Dhumavati Sahasranama Stotram

Mukti-deshkari-værdiansætter, værdiansætter.

Nirmala Mulsanyukta Mulini Mulmantrini 107

Hun er værdig til rod-mantraet og tilbyder rod-mantraet til guddommen.

Hun er grundlæggeren af rodmantraet og glæden ved rodmantraet. 108

Hun er glad for rodmantraet og tilbeder rodmantraet.

Hun er igangsætteren af rodmantraet og tilbederen af rodmantraet. 109 Sri Dhumavati Sahasranama Stotram

Det grundlæggende mantra er sjælens glæde, og den grundlæggende viden er ødelæggeren af urenheder.

Vidya og uvidenhed befinder sig i banyantræet og lever i banyantræet. 110

Hun boede i et banyantræ og tilbad banyantræet.

Hun var glad for at tilbede banyantræet og længtes efter at se det. 111

Hun tilbad banyantræet og øgede sin lykke.

Vaśīnī bliver tilbedt af Vivaśāradhya og er minister for underkastelse. 112

Hun er glad for underkastelse og giver perfektion til den, der underkaster sig.

Batuka tilbeder Batuka og giver mad til Batuka. 113

Den anden tilbeder af tegnebogen bliver tilbedt og øger tilbedelsen af tegnebogen.

Hun bringer glæde til Batuka og beskytter Batukas liv. 114 Sri Dhumavati Sahasranama Stotram

Hun skænker ofre til sin tegnebog og er Parvatī meget kær.

Hun boede på toppen af et bjerg og blev tilbedt af bjergenes herre 115 .

Hun bliver tilbedt af Parvatīs mand og glæder ham.

Hun befinder sig i Parvatī-herrens intelligens og forhekser Parvatī-herren. 116

Hun bliver tilbedt af brāhmaṇaerne og er en bedrager på bjergene.

Lotusblomsten er udsmykket med en krans af lotusblomster. 117

Hendes fødder er som lotusblade, og hendes hoved er prydet med en krans af lotusblomster.

Hun blev tilbedt af lotusblomsten og var kendt som Padma-hāsta. 118

Krydsningen af mælkehavet er også kendt som stiernes hav.

Hun blev renset ved at krydse stien og havet og var tilfreds med vandet fra palmetræet. 119

Vindens bevægelse er nedsænket i mælk i palmetræet

Hun drikker mælk og giver mælk og længes efter vand. 120 Sri Dhumavati Sahasranama Stotram

Hun var udsmykket med en krans af mælk og en hovedbeklædning.

Gudinden Muṇḍīnī er også kendt som Muṇḍahantrī. 121

Hun var udsmykket med juveler og havde en juvelbesat halskæde.

Hun var meget vildledt, meget vred, meget illusorisk og meget blæsende. 122

Hun er et menneske og tilbedes af mennesker og øger Manu-dynastiet.

Hun ødelægger klosteret og ødelægger klosterets ejendom. 123 Sri Dhumavati Sahasranama Stotram

Hun er meget vred og tåbelig og ødelægger tåbelige fjender

Hun var fuld af at læse og spise og lege med fulde halskæder. 124

Hun er som dommedagsbranden og er i skikkelse af dommedagsbranden.

Hun er druknet i tilintetgørelsens hav og flyder i tilintetgørelsens hav. 125 Sri Dhumavati Sahasranama Stotram

Mahapralaya Sambhuta Mahapralayakarini.

Mahapralayasampreeta Mahapralayasadhini 126

Mahamahapralayajya mahapralayamodini.

Hun blev hugget af ved hovedspidsen, og hendes træ blev hugget af. 127

Hun skar sig igennem fjenden, dækkede sig til og vækkede hende.

Lakṣiṇī bliver tilbedt af Lakṣiṇī og er karakteriseret af Lakṣiṇī. 128 Sri Dhumavati Sahasranama Stotram

Lakshastra Samayukta Lakshaban Pramochini.

Lakshpujaparalakshya Lakshkodandakhandini 129

Hun er udstyret med et hav af stænger og har et hav af stænger.

Hun er tilgængelig for Lakṣas tidsfordriv og bor i Lakṣas værelse. 130

Lola er grådig efter millioner og tilbedes af millioner af hengivne.

Hun tilbedes af alle verdener og beskytter verdenerne. 131

Verdens lotusfødder tilbedes og forhekser verden.

Lalitā Lalitālīnī Lokasamharakariṇī 132

Hun udfører verdens tidsfordriv og skaber verdens verdener.

Hun renser alle levende væsener, beskytter alle levende væsener og tilfredsstiller alle levende væsener. 133

Den var omgivet af en hær af spøgelser og dæmoner.

Hun er herskerinde over spøgelser, ghouls, djævle og andre skabninger og tilbedes af alle levende væsener. 134 Sri Dhumavati Sahasranama Stotram

Dakini Shakini Deya Dindimaravakarini.

Hun er tilfreds med tamburinens instrumenter og udfører tamburinens instrumenter. 135

Den præst, der udfører nynneofferet, er den, der ofrer.

Hun grinede og smilede og grinede og var glad og stædig. 136

Forfatter til Attattahasini Tika.

Tankini Tankita Tanka Tankamatrasuvarnada 137

Tankariṇī er rig på takara og kan ødelægge fjender.

Fejlen er en form for fejl og skaber tvivl om fejlen. 138

Hun var tørstig, tørstig, træt, sulten, mager og overvældet af sult.

Gudinden Takṣiṇīs øjne tigger om almisser og æder fjenderne. 139

Hun var en begærlig, grusom kvinde, som boede i en kvindes hus.

Hun tilbedes af millioner af kuttanier og følger kuttanierne. 140

Hun beskytter Kuttani-familien og beskytter Kuttani-familien.

Hun var bundet af dødens reb og elskede at tilbede jomfruerne. 141

Liljekonvallen glædede sig over liljekonvallen, og hendes øjne blev fyldt med medfølelse.

Hun var dygtig til mærkelige skikke og boede i mærkelige rum. 142 Sri Dhumavati Sahasranama Stotram

Hun bar kragevinger og var dækket af krageøjne.

Hun sad på en kragevogn og sad på en kragevogn. 143

Hun er en krage og har øjne som en krage og giver mad til kragen.

Hun er mor til en krage og mor til en krage. 144

Templet var overfyldt med krager, og man kunne se krager.

Hun er dækket af dharma, som er tilgængelig for den krop, der mediterer på kragen. 145 Sri Dhumavati Sahasranama Stotram

Hun er rig og bør betjenes af de rige.

Dhundhura er Dhundhuras form og dræber røgens øjne. 146

Hun laver røg og bliver tilbedt af røgens mantra og ødelægger religiøse principper.

Hun har en hudfarve som røg og øjne som røg. 147

Hun var tilfreds med at synge Dhoombija, og hendes sind var fyldt med at synge Dhoombija.

Hun fortjener at blive tilbedt ved at messe mantraet Dhūmbīja. 148

Hun blev tiltrukket af røgfrøene og var bange for at blive overfaldet.

Hun kaster støv og holder en sky dækket af støv. 149

Hun er rig på kransen af at synge Dhoombija og er ødelæggeren af Dhoombijaninda.

Hun hader religion og beskytter religion og er tilfreds med religion. 150 Sri Dhumavati Sahasranama Stotram

Hun er en vandløbsstopper, en snu kvinde og en kvinde, der nyder godt af vandløbets luksus.

Hun er farven på mantraet Dhāndhīndhūndhāim og er formen på Dhāndhīḥsvāhā. 151

Dhurva, der tilbedes af jorden, er den, der skærer kornet.

Hun fordømmes og tilbedes af intelligente mennesker og bor i boligens haver. 152

Hun gav mælk til boligens haver og blev støvet af med boligens støv.

Røgelsen var meget høj og glad for duften af røgelse 153 Sri Dhumavati Sahasranama Stotram

Hun var meget glad for at ofre røgelse og nød at ofre røgelse.

Hun tilbedes af fiskerne og skænker fiskerne velsignelser. 154

Hun er blandt fiskerne og bor i fiskernes bolig.

Hun beskytter fiskerne og gør dem tilfredse. 155

Hun giver fiskeren rigdom og beskytter fiskerens liv.

Hun er moderens herre og bliver tilbedt af moderen og søger tilflugt i moderens træ. 156

Hun tilbeder jordemoderen og planter jordemoderen.

Hun er knyttet til rygning og elsker at ryge. 157

Hun kan godt lide at drikke røg og gå i bad med røg.

Hun blev glad for at høre lyden af de velsignede og skar sig igennem Dhundhukaris folk. 158

Dhundhukāriṣṭa-sāndatrī thundhukāri-sumuktidārī.

Hun er Dhundhukaryas tilbedelsesværdige form og befinder sig i Dhundhukaryas sind. 159

Hun ønsker Dhundhukari's velfærd og søger Dhundhukari's velfærd.

Dhindhimārāvīṇī er en mediterende, der går i meditation og søger rigdom. 160

Dhorini Dhoranprita Dharini Ghorrupini.

Hun er den gudinde, der beskytter jorden og forårsager jordens udslettelse. 161 Sri Dhumavati Sahasranama Stotram

Hun var datter af Dharadhara og var lige så klog som Asheshadharadhara.

Hun er den ledende guddom for rigdom og øger rigdom og korn. 162

Hun tiltrækker rigdom og stjæler rigdom.

Hun afskærer sig fra rigdom og er blottet for rigdom og elsker rigdom 163 .

Hun var udstyret med rigdom og øgede sin rigdom og var hengiven til velgørenhed 164 .

Hun er glad for rigdom og næres af rigdom og studerer velgørenhed

Hun beskytter rigdom og er livsnerven i rigdom og bringer altid glæde til rigdom. 165

Shatruhantri Shavarudha, fjendens ødelægger.

Shatrupakshatikshatipreeta Shatrupakshanishudini 166

Skyggen, der skærer gennem fjendens hals, bryder fjendens metoder.

Hun ødelægger fjendernes liv og udrydder dem. 167

Hun forstyrrer fjendens arbejde og ødelægger sine medarbejderes fjender.

Hun ødelægger sine fjenders familie og giver dem deres fjenders hus. 168

Hun ødelægger alle sine våben og alle sine våben.

Hun brænder alle sine lemmer, våben, vand, krop og hus. 169

Dette er de tusind navne på gudindens stotra i form af røg.

Den, der reciterer dette mantra i et tomt hus sidst på dagen med et kontrolleret sind 170 .

Han var fuld af vinens glæder og var hengiven til meditation af gudinden.

Hvis hans fjende er lig med Indra, vil han blive tilintetgjort 171 .

Han fjernede den materielle eksistens' reb og var meget kær for den fromme Dhūmavatī.

Denne stotra, der er kendt som Sahasranāma, er kommet ud af min mund. 172

Den, der læser eller hører dette mantra, vil være i stand til at dræbe sine fjender.

Den bør ikke gives til en anden discipel, som ikke er en hengiven tilhænger af Herren, som er hans sjæl kær. 173

Den skal gives til en discipel, som er hengiven til lykkens gudinde.

Dette mysterium er ekstremt svært at finde for dem med et ondt sind. 174

Dette er den komplette stotra af Dhūmavatīs tusind navne.

Sahasranama som den udtales på sanskrit:

dhumavatya dharmaratryah kathayasva mahesvara

sahasranamastotramme sarvasiddhipradayakam 1

sribhairava uvaca

srnu devi mahamaye priye pranasvarupini

sahasranamastotramme bhavasatruvinasam 2 Shri Dhumavati Sahasranama Stotram

Om asya sridhumavatisahasranamastotrasya pippalada rsih

panktischando dhumavati devata satruvinigrahe pathe viniyogah .

dhuma dhumavati dhuma dhumapanaparayana

dhauta dhautagira dhamni dhumesvaranivasini 3

ananta'nantarupa ca akarakararupini

adya anandadananda ikara indrarupini 4

dhanadhanyartthavanida yasodharmapriyestada

bhagyasaubhagyabhaktistha grhaparvatavasini 5 Shri Dhumavati Sahasranama Stotram

ramaravanasugrivamohada hanumatpriya

vedasastrapuranajna jyotischandahsvarupini 6

caturyacarurucira ranjanaprematosada

kamalasanasudhavaktra candrahasa smitanana 7

catura carukesi ca caturvargaprada muda

kala kaladhara dhira dharini vasunirada 8 Shri Dhumavati Sahasranama Stotram

hira hirakavarnabha harinayatalocana

dambhamohakrodhalobhasnehadvesahara para 9

naradevakari rama ramanandamanohara

yogabhogakrodhalobhahara haranamaskrta 10

danamanajnanamana-panaganasukhaprada

gajagosvapadaganja bhutida bhutanasini 11 Shri Dhumavati Sahasranama Stotram

bhavabhava tatha bala varada haravallabha

bhagabhangabhaya mala malati talanahrda 12

jalavalahalakalakapalapriyavadini

karanjasilagunjadhya cutankuranivasini 13

panasastha panasakta panasesakutumbini

pavani pavanadhara purna purnamanoratha 14 Shri
Dhumavati Sahasranama Stotram

puta putakala paura puranasurasundari

paresi parada para paratma paramohini 15

jaganmaya jagatkarttri jagatkirttirjaganmayi

janani jayini jaya jita jinajayaprada 16

kirttirjnanadhyanamanadayini danavesvari

kavyavyakaranajnana prajnaprajnanadayini 17

vijnajna vijnajayada vijna vijnaprapujita

paravarejya varada parada sarada dara 18 Shri Dhumavati
Sahasranama Stotram

darini devaduti ca madana madanamada

paramajnanagamya ca saresi paraga para 19

yajna yajnaprada yajnajnanakaryakari subha

sobhini subhramathini nisumbhasuramarddini 20

sambhavi sambhupatni ca sambhujaya subhanana

sankari sankararadhya sandhya sandhyasudharmini 21 Shri
Dhumavati Sahasranama Stotram

satrughni satruha satruprada satravanasini

saivi sivalaya saila sailarajapriya sada 22

sarvari savari sambhuh sudhadhya saudhavasini

saguna gunarupa ca gauravi bhairavirava 23

gaurangi gauradeha ca gauri gurumati guruh

gaurggaurgavyasvarupa ca gunanandasvarupini 24 Shri Dhumavati Sahasranama Stotram

ganesaganada gunya guna gauravavanchita

ganamata ganaradhya ganakotivinasini 25

durga durjjanahantri ca durjjanapritidayini

svargapavargada datri dina dinadayavati 26

durnniriksya duraduhstha dauhsthabhanjanakarini

svetapandurakrsnabha kalada kalanasini 27

karmanarmakari narma dharmadharmavinasini

gauri gauravada goda ganada gayanapriya 28

ganga bhagirathi bhanga bhaga bhagyavivarddhini

bhavani bhavahantri ca bhairavi bhairavisama 29 Shri Dhumavati Sahasranama Stotram

bhima bhimarava bhaimi bhimanandapradayini

saranya sarana samya sasini sankhanasini 30

guna gunakari gauni priyapritipradayini

janamohanakarttri ca jagadanandadayini 31

jita jaya ca vijaya vijaya jayadayini

kama kali karalasya kharva khanja khara gada 32

garva garutmati dharma ghargghara ghoranadini

caracari cararadhya china chinnamanoratha 33 Shri Dhumavati Sahasranama Stotram

chinnamasta jaya japya jagajjaya ca jharjjhari

jhakara jhiskrtistika tanka tankaranadini 34

thika thakkurathakkangi thathathankaradhundhura

dhundhitarajatirna ca talasthabhramanasini 35 Shri Dhumavati Sahasranama Stotram

thakara thakara datri dipa dipavinasini

dhanya dhana dhanavati narmada narmamodini 36

padma padmavati pita sphanta phutkarakarini

phulla brahmamayi brahmi brahmanandapradayini 37

bhavaradhya bhavadhyaksa bhagali mandagamini

madira madireksa ca yasoda yamapujita 38 Shri Dhumavati Sahasranama Stotram yamya ramya ramarupa ramani lalita lata

lankesvari vakprada vacya sadasramavasini 39

sranta sakararupa ca sakarakharavahana

sahyadrirupa sananda harini harirupini 40 Shri Dhumavati
Sahasranama Stotram

hararadhya valavacalavangaprematosita

ksapa ksayaprada ksira akaradisvarupini 41

kalika kalamurttisca kalaha kalahapriya

siva sandayini saumya satrunigrahakarini 42

bhavani bhavamurttisca sarvani sarvamangala

satruviddravini saivi sumbhasuravinasini 43 Shri Dhumavati
Sahasranama Stotram

dhakaramantrarupa ca dhumbijaparitosita

dhanadhyaksastuta dhira dhararupa dharavati 44

carvini candrapujya ca cchandorupa chatavati

chaya chayavati svaccha chedini medini ksama 45

valgini varddhini vandya vedamata budhastuta

dhara dharavati dhanya dharmadanaparayana 46 Shri
Dhumavati Sahasranama Stotram

garvini gurupujya ca jnanadatri gunanvita

dharmini dharmarupa ca ghantanadaparayana 47

ghantaninadini ghurna ghurnita ghorarupini

kalighni kaliduti ca kalipujya kalipriya 48

kalanirnasini kalya kavyada kalarupini

varsini vrstida vrstirmahavrstinivarini 49 Shri Dhumavati
Sahasranama Stotram

ghatini ghatini ghonta ghataki ghanarupini

dhumbija dhunjapananda dhumbijajapatosita 50

dhundhumbijajapasakta dhundhumbijaparayana

dhunkaraharsini dhuma dhanada dhanagarvita 51

padmavati padmamala padmayoniprapujita

apara purani purna purnimaparivandita 52 Shri Dhumavati
Sahasranama Stotram

phalada phalabhoktri ca phalini phaladayini

phutkarini phalavaptri phalabhoktri phalanvita 53

varini varanaprita varipathodhiparaga

vivarna dhumranayana dhumraksi dhumrarupini 54

nitirnitisvarupa ca nitijna nayakovida

tarini tararupa ca tattvajnanaparayana 55 Shri Dhumavati
Sahasranama Stotram

sthula sthuladhara sthatri uttamasthanavasini

sthula padmapadasthana sthanabhrasta sthalasthita 56

sosini sobhini sita sitapaniyapayini

sarini sankhini suddha sankhasuravinasini 57

sarvari sarvaripujya sarvarisaprapujita

sarvarijagrita yogya yogini yogivandita 58

yoginiganasaṃ sevya yogini yogabhavita

yogamargaratayukta yogamarganusarini 59

yogabhava yogayukta yaminipativandita

ayogya yoghini yoddhri yuddhakarmavisarada 60 Shri
Dhumavati Sahasranama Stotram

yuddhamargaratananta yuddhasthananivasini

siddha siddhesvari siddhih siddhigehanivasini 61

siddharitissiddhapritih siddha siddhantakarini

siddhagamya siddhapujya siddhabandya susiddhida 62 Shri
Dhumavati Sahasranama Stotram

sadhini sadhanaprita sadhya sadhanakarini

sadhaniya sadhyasadhya sadhyasanghasusobhini 63

sadhvi sadhusvabhava sa sadhusantatidayini

sadhupujya sadhuvandya sadhusandarsanodyata 64

sadhudrsta sadhuprstha sadhuposanatatpara

sattviki sattvasaṃ siddha sattvasevya sukhodaya 65

sattvavrddhikari santa sattvasaṃ harsamanasa

sattvajnana sattvavidya sattvasiddhantakarini 66

sattvavrddhissattvasiddhissattvasampannamanasa

carurupa carudeha carucancalalocana 67

chadmini chadmasankalpa chadmavartta ksamapriya

hathini hathasampritirhathavartta hathodyama 68

hathakarya hathadharma hathakarmaparayana

hathasambhoganirata hathatkararatipriya 69

hathasambhedini hrdya hrdyavartta haripriya

harini harinidrstirharinimaṃ sabhaksana 70

harinaksi harinapa hariniganaharsada

hariniganasaṃ hartri harinipariposika 71

harinimrgayasakta harinimanapurassara

dina dinakrtirduna dravini dravinaprada 72

dravinacalasaṃ vvasa dravita dravyasaṃ yyuta

dirggha dirgghapada drsya darsaniya drdhakrtih 73

drdha dvistamatirddusta dvesini dvesibhanjini

dosini dosasaṃyyukta dustasatruvinasini 74

devatarttihara dustadaityasanghavidarini

dustadanavahantri ca dustadaityanisudini 75

devatapranada devi devadurgatinasini

natanayakasaṃ sevya narttaki narttakapriya 76 Shri
Dhumavati Sahasranama Stotram

natyavidya natyakartri nadini nadakarini

navinanutana navya navinavastradharini 77

navyabhusa navyamalya navyalankarasobhita

nakaravadini namya navabhusanabhusita 78

nicamarga nicabhumirnicamargagatirgatih

nathasevya nathabhakta nathanandapradayini 79

namra namragatirnnetri nidanavakyavadini

narimadhyasthita nari narimadhyagata'nagha 80

naripriti nararadhya naranamaprakasini

rati ratipriya ramya ratiprema ratiprada 81

ratisthanasthitaradhya ratiharsapradayini

ratirupa ratidhyana ratiritisudharini 82

ratirasamahollasa ratirasaviharini

ratikantastuta rasi rasiraksanakarini 83

arupa suddharupa ca surupa rupagarvita

rupayauvanasampanna ruparasi ramavati 84 Shri Dhumavati Sahasranama Stotram

rodhini rosini rusta rosiruddha rasaprada

madini madanaprita madhumatta madhuprada 85

madyapa madyapadhyeya madyapranaraksini

madyapanandasandatri madyapaprematosita 86

madyapanarata matta madyapanaviharini

madira madirarakta madirapanaharsini 87

madirapanasantusta madirapanamohini

madiramanasamugdha madhvipa madiraprada 88

madhvidanasadananda madhvipanarata mada

modini modasandatri mudita modamanasa 89

modakartri modadatri modamangalakarini

modakadanasantusta modakagrahanaksama 90

modakalabdhisankruddha modakapraptitosini

mam sada mam sasambhaksa mam sabhaksanaharsini 91

mam sapakaparaprema mam sapakalayasthita

matsyamam sakrtasvada makarapancakanvita 92

mudra mudranvita mata mahamoha manasvini

mudrika mudrikayukta mudrikakrtalaksana 93 Shri Dhumavati Sahasranama Stotram

mudrikalankrta madri mandaracalavasini

mandaracalasam sevya mandaracalavasini 94

mandaradhyeyapadabja mandararanyavasini

manduravasini manda marini marikamita 95

mahamari mahamarisamini savasam sthita

savamam sakrtahara smasanalayavasini 96

smasanasiddhisam hrsta smasanabhavanasthita

smasanasayanagara smasanabhasmalepita 97

smasanabhasmabhimangi smasanavasakarini

samini samanaradhya samanastutivandita 98

samanacarasantusta samanagaravasini

samanasvamini santih santasajjanapujita 99

santapujapara santa santagaraprabhojini

santapujya santavandya santagrahasudharini 100

santarupa santiyukta santacandraprabha'mala

amala vimala mlana malati kunjavasini 101

malatipuspasamprita malatipuspapujita

mahogra mahati madhya madhyadesanivasini 102 Shri Dhumavati Sahasranama Stotram

madhyamadhvanisamprita madhyamadhvanikarini

madhyama madhyamapritirmadhyamapremapurita 103

madhyangacitravasana madhyakhinna mahoddhata

mahendrakrtasampuja mahendraparivandita 104

mahendrajalasaṃyyukta mahendrajalakarini

mahendramanita'mana maniniganamadhyaga 105

maninimanasamprita manavidhvaṃsakarini

maninyakarsini muktirmuktidatri sumuktida 106

muktidvesakari mulyakarini mulyaharini

nirmala mulasaṃyyukta mulini mulamantrini 107

mulamantrakrtarhadya mulamantrargghyaharsini

mulamantrapratisthatri mulamantrapraharsini 108

mulamantraprasannasya mulamantraprapujita

mulamantrapranetri ca mulamantrakrtarccana 109

mulamantraprahrstatma mulavidya malapaha

vidya'vidya vatastha ca vatavrksanivasini 110

vatavrksakrtasthana vatapujaparayana

vatapujapariprita vatadarsanalalasa 111

vatapuja krta hlada vatapujavivarddhini

vasini vivasaradhya vasikaranamantrini 112 Shri Dhumavati Sahasranama Stotram

vasikaranasamprita vasikarakasiddhida

batuka batukaradhya batukaharadayini 113

batukarccapara pujya batukarccavivarddhini

batukanandakarttri ca batukapranaraksini 114

batukejyaprada'para parini parvatipriya

parvatagrakrtavasa parvatendraprapujita 115

parvatipatipujya ca parvatipatiharsada

parvatipatibuddhistha parvatipatimohini 116

parvatiyaddvijaradhya parvatastha pratarini

padmala padmini padma padmamalavibhusita 117

padmajedyapada padmamalalankrtamastaka

padmarccitapadadvandva padmahastapayodhija 118

payodhiparagantri ca pathodhiparikirttita

pathodhiparagaputa palvalambupratarpita 119

palvalantah payomagna pavamanagatirgatih

payah pana payodatri paniyaparikanksini 120

payojamalabharana mundamalavibhusana

mundini mundahantri ca mundita mundasobhita 121 Shri Dhumavati Sahasranama Stotram

manibhusa manigriva manimalavirajita

mahamoha mahamarsa mahamaya mahahava 122

manavi manavipujya manuvaṃ savivarddhini

mathini mathasaṃ hantri mathasampattiharini 123

mahakrodhavati mudha mudhasatruvinasini

pathinabhojini purna purnaharaviharini 124

pralayanalatulyabha pralayanalarupini

pralayarnavasammagna pralayabdhiviharini 125

mahapralayasambhuta mahapralayakarini

mahapralayasamprita mahapralayasadhini 126

mahamahapralayejya mahapralayamodini

chedini chinnamundogra chinna chinnaruhartthini 127

satrusanchedini channa ksodini ksodakarini

laksini laksasampujya laksita laksananvita 128

laksasastrasamayukta laksabanapramocini

laksapujapara'laksya laksakodandakhandini 129

laksakodandasaṃyukta laksakodandadharini

laksalilalayalabhya laksagaranivasini 130

laksalobhapara lola laksabhaktaprapujita

lokini lokasampujya lokaraksanakarini 131

lokavanditapadabja lokamohanakarini

lalita lalitalina lokasaṃharakarini 132

lokalilakari lokyalokasambhavakarini

bhutasuddhikari bhutaraksini bhutatosini 133

bhutavetalasaṃyukta bhutasenasamavrta

bhutapretapisacadisvamini bhutapujita 134

dakini sakini deya dindimaravakarini

damaruvadyasantusta damaruvadyakarini 135

hunkarakarini hotri havini havanartthini

hasini hvasini hasyaharsini hathavadini 136

attattahasini tika tikanirmanakarini

tankini tankita tanka tankamatrasuvarnada 137

tankarini takaradhya satrutrotanakarini

trutita trutirupa ca trutisandehakarini 138

tarsina trtpariklanta ksutksama ksutparipluta

aksini taksini bhiksaprartthini satrubhaksini 139

kanksini kuttani krura kuttanivesmavasini

kuttanikotisampujya kuttanikulamargini 140

kuttanikulasaṃ raksa kuttanikularaksini

kalapasavrta kanya kumaripujanapriya 141

kaumudi kaumudihrsta karunadrstisaṃyyuta

kautukacaranipuna kautukagaravasini 142

kakapaksadhara kakaraksini kakasaṃvvrta

kakankarathasaṃ sthana kakankasyandanasthita 143

kakini kakadrstisca kakabhaksanadayini

kakamata kakayonih kakamandalamandita 144

kakadarsanasaṃ sila kakasankirnamandira

kakadhyanasthadehadidhyanagamya dhamavrta 145

dhanini dhanisaṃ sevya dhanacchedanakarini

dhundhura dhundhurakara dhumralocanaghatini 146

dhunkarini ca dhummantrapujita dharmanasini

dhumravarnini dhumraksi dhumraksasuraghatini 147

dhumbijajapasantusta dhumbijajapamanasa

dhumbijajapujarha dhumbijajapakarini 148

dhumbijakarsita dhrsya dharsini dhrstamanasa

dhulipraksepini dhulivyaptadhammilladharini 149

dhumbijajapamaladhya dhumbijanindakantaka

dharmavidvesini dharmaraksini dharmatosita 150

dharastambhakari dhurta dharavarivilasini

dham dhim dhum dhaimmantravarna
dhaum dhahsvahasvarupini 151

dharitripujita dhurva dhanyacchedanakarini

dhikkarini sudhipujya dhamodyananivasini 152

dhamodyanapayodatri dhamadhulipradhulita

mahadhvanimati dhupya dhupamodapraharsini 153

dhupadanamatiprita dhupadanavinodini

dhivariganasampujya dhivarivaradayini 154

dhivariganamadhyastha dhivaridhamavasini

dhivariganagoptri ca dhivariganatosita 155

dhivaridhanadatri ca dhivaripranaraksini

dhatrisa dhatrsampujya dhatrivrksasamasraya 156

dhatripujanakartri ca dhatriropanakarini

dhumrapanaratasakta dhumrapanaratestada 157

dhumrapanakarananda dhumravarsanakarini

dhanyasabdasrutiprita dhundhukarijanacchida 158

dhundhukaristasandatri thundhukarisumuktida

dhundhukaryaradhyarupa dhundhukarimanassthita 159

dhundhukarihitakanksa dhundhukarihitaisini

dhindhimaravini dhyatri dhyanagamya dhanarthini 160

dhorini dhoranaprita dharini ghorarupini

dharitriraksini devi dharapralayakarini 161

dharadharasuta'sesadharadharasamadyutih

dhanadhyaksa dhanapraptirddhanadhanyavivarddhini 162

dhanakarsanakarttri ca dhanaharanakarini

dhanacchedanakartri ca dhanahina dhanapriya 163

dhanasa~vvrddhisampanna dhanadanaparayana 164

dhanahrsta dhanapusta danadhyayanakarini

dhanaraksa dhanaprana dhananandakari sada 165

satruhantri savarudha satrusaṃharakarini

satrupaksaksatiprita satrupaksanisudini 166

satrugrivacchidachaya satrupaddhatikhandini

satrupranaharaharya satrunmulanakarini 167

satrukaryavihantri ca sangasatruvinasini

sangasatrukulacchetri satrusadmapradayini 168

sangasayudhasarvari-sarvasampattinasini

sangasayudhasarvari-dehagehapradahini 169

itidandhumarupinyasstotrannama sahasrakam

yah pathecchunyabhavane sadhvante yatamanasah 170

madiramodayukto vai devidhyanaparayanah

tasya satruh ksayaṃ yati yadi sakrasamo'pi vai 171

bhavapasaharampunyandhumavatyah priyammahat

stotraṃ sahasranamakhyammama vaktradvinirgatam 172

pathedva srnuyadvapi satrughatakaro bhavet

na deyamparasisyaya'bhaktaya pranavallabhe 173

deyaṃ sisyaya bhaktaya devibhaktiparaya ca

idaṃ rahasyamparamandurllabhandustacetasam 174

iti dhumavatisahasranamastotraṃ sampurnam

Don't miss out!

Visit the website below and you can sign up to receive emails whenever Kiran Atma publishes a new book. There's no charge and no obligation.

https://books2read.com/r/B-A-XCMAB-QMEWE

BOOKS2READ

Connecting independent readers to independent writers.

About the Author

Kiran Atma er født som hindu og har været praktiserende hedning og heks, siden han kom i puberteten. Kiran fortsætter med at undersøge, studere og analysere den historie og nutidige praksis, der er forbundet med hans tro og håndværk, som det ses over hele verden, mens han deler det samme med det bredere samfund. Kirans arbejde håber at kunne hjælpe dig med at udvide din bevidsthed og uddybe din forståelse af disse rige områder af viden, spiritualitet og kulturel mangfoldighed, som han har fundet så fascinerende.

Read more at https://www.kiranatma.com/.